3 €

DU ZAPPING À LA RENCONTRE

Laurent Schlumberger

Du zapping à la rencontre

Mobilités contemporaines et mobile de Dieu

Conférences de Carême 2018

Parole Vive

Editions Olivétan

Autres ouvrages de Laurent Schlumberger publiés par les éditions Olivétan :

Dieu, l'absence, la clarté (2004)

Sur le seuil, L'Église face au défi du témoignage (2005)

À l'Église qui vient (2017)

Illustration de couverture : ***L'homme qui marche***
Alberto Giacometti – 1960
Bronze, 180 cm.

20 rue Calliet, BP 4464
69241 LYON CEDEX 04
www.editions-olivetan.com

ISBN : 978-2-35479-436-1

Dépôt légal : 1er trimestre 2018

Le présent texte a d'abord été donné
dans le cadre des conférences
du Carême protestant 2018,
diffusées par France-Culture.

Des ajustements minimaux
ont été apportés pour le passage
à la forme écrite,
mais on ne s'étonnera donc pas
de trouver parfois des tournures
plutôt orales.

Les références radiophoniques
sont données en fin d'ouvrage.

Ouverture

La mobilité est un maître-mot de notre monde globalisé. Elle semble marquer de son empreinte, de manière toujours plus forte, des aspects toujours plus nombreux de nos existences intimes et collectives. Mobilités géographiques, avec les migrations, les déplacements quotidiens, le tourisme. Mobilités temporelles, avec l'accélération sociale, l'inflation du présent, les transformations des mémoires et des utopies. Mobilités culturelles, avec les croisements des cultures, ou à l'inverse les inquiétudes identitaires. Mobilités existentielles enfin, avec les changements professionnels, l'instabilité conjugale, les reconfigurations dans les familles et les générations, les spiritualités itinérantes.

Bien sûr, la mobilité n'est pas une nouveauté. Les migrations, par exemple, ont toujours existé, sous des formes très diverses. Et depuis *L'Odyssée*, ce poème épique qui est l'une des sources majeures de la civilisation occidentale, le motif du voyage est au cœur de notre manière de comprendre notre rapport à nous-mêmes, aux autres et au monde. Nous voyons la vie comme un voyage, un chemin, une pérégrination.

Si les mobilités ne sont donc pas nouvelles, elles prennent cependant aujourd'hui une importance et une signification remarquables. En particulier, la mobilité n'est plus seulement un terme qui décrit des évolutions que nous pouvons chacune et chacun constater. Elle devient, et de manière toujours plus exigeante, une injonction. Autrefois, la stabilité était un idéal, à tous égards. Puis vint le temps de la trajectoire de vie : il s'agissait alors de se réaliser en atteignant un objectif personnel, professionnel, familial. Aujourd'hui, la capacité à se déplacer sans cesse, à ne pas s'attacher, à rebondir pour repartir, semble être devenue en soi-même une vertu majeure. Et si la mobilité est devenue un maître-mot, c'est qu'elle est d'une certaine manière notre maître, porteur de promesses certes, mais aussi de détresses, qui ont pour nom : précarité, épuisement, perte de repères et de sens…

Il existe un ensemble de textes, qui constitue une pièce majeure du patrimoine de l'humanité et qui est de part en part traversé par les réalités, les détresses et les promesses de la mobilité. Ce sont les Écritures bibliques. Mobilité des individus : pensons à Abraham, infatigable arpenteur de tout le Proche-Orient, à Paul, l'apôtre qui ne tenait pas en place, à Jésus bien sûr, marcheur qui disait n'avoir pas de lieu où reposer sa tête. Mobilités d'un peuple, le peuple hébreu, dont les deux événements majeurs selon les Écritures se nomment Exode et Exil, et mobilité de cet autre peuple, dans un sens un peu différent, qu'est l'Église naissante et dont une marque constitutive est la diaspora. Mobilité des idées, au fil de l'histoire, mobilité des langues, qui véhiculent à travers des cultures si diverses les pensées et les récits bibliques, mobilité des manières de raconter, de s'adresser, de transmettre, de traduire…

Plus encore, les Écritures nous parlent de la mobilité de Dieu. Car le Dieu des Écritures bibliques, à l'exact opposé des représentations que l'on s'en fait si souvent, ne cesse de sortir, d'aller, de venir, de se déplacer, et même de changer. C'est un Dieu mobile, alerte, agile, mis en mouvement par son désir toujours renouvelé, qui est fondamentalement un désir de rencontre.

Le temps du Carême est traditionnellement une occasion de cheminement. Ses quarante jours évoquent, entre autres, les tours et détours du peuple hébreu pendant quarante ans vers la terre promise, la marche du prophète Élie vers la montagne de Dieu pendant quarante jours ou encore l'envoi de Jésus au désert. Et le Carême nous conduit vers la Passion et vers Pâques, Pâques qui est à la fois une sortie et une traversée.

À l'occasion de ce Carême, nous allons explorer, Bible en main, différents aspects de nos mobilités. Nous nous demanderons notamment : pourquoi toutes ces mobilités ? Pourquoi deviennent-elles aujourd'hui un trait central de notre économie, de notre imaginaire, de notre existence ? Que cherchons-nous ainsi ? Sommes-nous en quête de quelque chose ? De quelqu'un ? De nous-mêmes ?

Nous verrons qu'il y a peut-être trois dimensions dans les mobilités, qui se combinent et sans cesse se recombinent. Il y a la mobilité qui consiste à partir pour parvenir, parvenir à un but : c'est la mobilité comme moyen. Il y a la mobilité qui consiste à partir, et repartir, et repartir encore : c'est la mobilité comme fin, la mobilité pour elle-même. Et il y a la mobilité qui permet des rencontres : ni seulement moyen, ni vraiment fin, elle est occasion. Occasion d'autre chose que d'atteindre un objectif prévisible, d'autre chose que de se nourrir de son propre mouvement, occasion d'un renouvellement imprévu et pourtant attendu : une rencontre, des rencontres, porteuses de vie. Au cœur de nos mobilités et de leurs ambivalences, il y a des promesses de rencontres. Et Dieu lui-même vient à notre rencontre : c'est là le mobile de sa venue jusqu'à nous.

1

Mobilités dans l'espace et ses limites

J'ai le sentiment que nous ne tenons plus en place. Nous nous déplaçons, nous changeons, nous voyageons, nous bougeons – ou nous rêvons de le faire – de plus en plus. Un philosophe et linguiste a même inventé un mot, le « bougisme », pour parler de cette tendance croissante à la mobilité tous azimuts[1]. Pour certains, ces mobilités sont empêchées, impossibles, et c'est pour eux une tragédie. Pour d'autres, ces mobilités sont contraintes, subies, et c'est parfois tout autant un drame. Heureux ou malheureux, nous sommes toujours plus mobiles, réellement ou virtuellement, dans les faits et dans nos représentations, et cela dans de multiples domaines, de multiples manières – à commencer bien sûr, parce que c'est ce à quoi l'on pense en premier lieu, sur un plan physique, géographique.

---

1 Pierre-André TAGUIEFF, *Résister au bougisme*, Paris, Fayard, 2001.

Nous ne tenons plus en place : ce fut ma première intuition… et j'ai aussitôt essayé de l'écarter. Car enfin : nous sommes mobiles ? La belle affaire ! Sans doute avons-nous aujourd'hui plus d'outils qu'autrefois pour nous déplacer, avec plus de facilité et de vitesse pour ceux qui en ont les moyens. Mais franchement, du côté de la mobilité géographique des humains, y a-t-il quelque chose de nouveau sous le soleil ?

Si l'humain est devenu humain, nous disent les paléoanthropologues, c'est avant tout une question de mobilité. Les débuts de l'hominisation sont liés à l'acquisition de la station debout, à l'impact de ce basculement sur l'ensemble des fonctions vitales et au déplacement quasi-exclusif sur les membres inférieurs, qui est une locomotion spécifique à l'homme. Les premiers groupes humains ont dû se déplacer pour subsister et leur capacité de mobilité leur a permis de le faire avec une efficacité telle qu'ils ont, de proche en proche, colonisé la planète : « *l'humain est le seul singe migrateur* »[2].

Être humain, c'est donc être mobile. C'est également ce qu'expriment tant de grands mythes et de textes fondateurs des civilisations. Un seul exemple : *L'Iliade* et plus encore *L'Odyssée* ont tellement imprégné l'Antiquité, puis l'ensemble de la culture européenne, qu'elles sont comme des poèmes fondateurs de la civilisation occidentale. La figure d'Ulysse, les péripéties de son parcours, ses déceptions et ses espoirs, ont fait du motif du voyage une matrice d'interprétation de toute existence : notre vie peut être, et de fait est souvent décrite dans la littérature ou le

2 Pascal PICQ, *in* : Dominique GARCIA et Hervé LE BRAS (dir.), *Archéologie des migrations*, Paris, La Découverte / Inrap, 2017, pp. 39 ss.

cinéma, mais aussi dans des propos quotidiens, comme un voyage, un chemin, un périple, un passage…

Et puis il suffit d'ouvrir la Bible et de commencer à la lire. Adam et Ève entrent dans l'humanité adulte en sortant du jardin. Caïn se comprend comme perpétuellement errant et vagabond. À partir de Babel, les humains sont dispersés sur toute la surface de la terre. Et l'histoire d'Abraham, ce personnage emblématique du Proche-Orient ancien, cette figure de proue pour tant de croyants, commence par cette parole du Seigneur : « *Va-t'en ! Quitte ton pays, le lieu de tes origines !* »[3]. Il s'agit bien d'un déplacement géographique, mais aussi d'un périple beaucoup plus essentiel, puisque les deux premiers mots de cet appel signifient en hébreu : « *Pars, pour toi !* ». C'est comme si le voyage n'était pas seulement un chemin vers un territoire à découvrir, mais plus fondamentalement un itinéraire vers soi-même, vers sa vraie vie.

Bref, pour les humains, la mobilité semble être très exactement l'inverse d'une nouveauté ! Elle est bien plutôt un invariant, peut-être même un destin auquel nous ne pouvons pas échapper.

Aussitôt cette intuition apparue, selon laquelle aujourd'hui nous ne tenons plus en place, je l'ai donc écartée. Mais elle est revenue. Oui, c'est entendu, les hommes ont toujours été mobiles – mais pas toujours de la même manière, ni pour les mêmes motifs. Ces mobilités ont connu des mutations essentielles. Sur la très longue durée, j'en vois en tous cas deux et il est possible que nous soyons en train d'en vivre une troisième.

3 Genèse 12.1

Il y a une dizaine de milliers d'années, d'abord, les humains sont passés de l'état de chasseurs-cueilleurs à celui d'agriculteurs : auparavant mobiles pour assurer leur survie, ils se sont attachés à un sol pour le travailler. Ils sont devenus sédentaires. Il y a cinq ou six mille ans, ensuite, sont apparues les villes. Et avec elles, les empires dont les grandes villes étaient les capitales. Et avec les empires, toute une nouvelle manière de penser les territoires et les déplacements, avec des centres et des périphéries, des frontières et des routes, des regroupements et des expansions.

Aujourd'hui, une réalité nouvelle s'ajoute à ces strates, qui ne s'éliminent d'ailleurs pas l'une après l'autre mais qui se superposent : la ville devient un monde et le monde, une ville[4]. Peut-être est-ce une nouvelle étape majeure, dans l'histoire de l'hominisation.

La ville devient un monde. Les grandes métropoles concentrent une telle masse et diversité de populations, une telle quantité et variété d'activités, que ce n'est plus une région qui constitue l'arrière-pays de ces métropoles, mais la planète elle-même. Et la démesure comme la complexité de ces agglomérations géantes ne sont pas seulement internes à chacune d'entre elles : ces métropoles sont connectées les unes aux autres, dans un réseau qui s'étend à la totalité du monde.

La ville devient un monde, et le monde, une ville. Non seulement à cause de ce réseau d'urbanisation galopante, mais aussi parce que, en dépit des diversités humaines, une sorte d'homogénéisation se fait jour. De plus

---

4 Marc AUGÉ, *Pour une anthropologie de la mobilité*, Paris, Payot, 2009.

en plus, nous retrouvons dans ces méga-cités les mêmes sons, les mêmes lumières, les mêmes moyens de transports, les mêmes violences, les mêmes chaînes de magasins… Et s'impose cette impression que lorsqu'on est à Tokyo, New-York, Sao Paulo, Bombay, Le Caire, Dacca ou Londres, on se trouve dans des variantes de la même ville. Et grandit cette idée que l'on devrait pouvoir circuler de l'une à l'autre, partout s'y déplacer – ce n'est qu'une question de moyens.

Depuis les transhumances des chasseurs-cueilleurs jusqu'à nos odyssées dans le monde-ville, peut-être les permanentes mobilités humaines ne sont-elles pas si immuables que cela. Dans cette hypothèse, quels seraient certains des traits caractéristiques des mobilités géographiques contemporaines ?

Aspects des mobilités contemporaines

Sans doute les migrations constituent-elles l'un des aspects les plus frappants de ces mobilités, en tous cas l'un des plus quotidiennement évoqués et commentés. Elles sont évidentes dans nos transports en commun et nos rues, elles s'invitent tous les jours sur nos écrans, elles saturent bien des débats politiques, depuis les conversations familiales jusqu'aux tréteaux électoraux.

Les migrations internationales concernent près de 250 millions de personnes, soit un peu plus de 3 % de la population mondiale. C'est globalement assez peu, mais ces migrations sont très inégalement réparties et donc on peut avoir le sentiment, dans certains lieux et dans les images qui en sont renvoyées, que le phénomène est beaucoup plus important. Surtout, il n'y en a jamais eu autant et c'est un phénomène en nette croissance : les migrations internationales ont augmenté de plus de quarante pour cent depuis le début de notre siècle et elles ont triplé en quarante ans[5]. Plus encore, on sait que l'accentuation du phénomène est à venir, à cause de la poursuite de la globalisation, de l'augmentation de la population mondiale, en particulier dans les zones pauvres[6], et surtout des dérèglements climatiques qui ont un impact d'abord sur les populations défavorisées. Et nous ne parlons ici que des migrations internationales, car les migrations internes aux pays sont deux à trois fois plus importantes[7]. Nous vivons dans un monde de plus en plus marqué par les migrations de toutes natures et les passions qui se déchaînent parfois à ce sujet montrent qu'il s'agit d'une réalité qui nous touche à la fois collectivement et intimement.

Mais les mobilités humaines d'aujourd'hui ne se résument pas aux migrations. Peut-être faudrait-il souligner plus encore les plus immédiates et les plus ordinaires de nos mobilités : nos trajets quotidiens. Chaque jour, les français réalisent 175 millions de trajets locaux. C'est un nombre à peu près stable, mais qui prend de plus en plus de temps, en particulier les trajets domicile-travail[8], car ces

---

5 On peut se référer aux nombreux rapports publiés par l'ONU (www.un.org). Résumé récent par exemple ici : www.un.org/apps/newsFr/storyF.asp?NewsID=36413#.Wbo2uNFpHIU

6 La population africaine, par exemple, doublera d'ici 50 ans. Cf. Michel ROCARD, *Si ça vous amuse*, Paris, Flammarion, 2010, p. 379.

7 En tout, c'est donc un peu moins de 14 % de la population mondiale qui est ainsi déplacée. Cf. Catherine WIHTOL DE WENDEN, *La question migratoire au XXIe siècle*, Paris, Les Presses de Sciences Po, 2010.

8 www.insee.fr/fr/statistiques/1281086

distances quotidiennes sont de plus en plus longues : elles ont augmenté de 50 % en une génération[9].

Un autre aspect des mobilités humaines est tout sauf anecdotique : il s'agit du tourisme. Non seulement il augmente, mais il se fractionne, se démultiplie, s'étale sur la totalité de l'année et devient de plus en plus itinérant. Les déplacements touristiques ne cessent d'augmenter, pour dépasser maintenant largement le milliard de voyages par an[10].

Pris globalement, les transports ont augmenté d'une manière difficile à simplement réaliser. En une cinquantaine d'années, le trafic ferroviaire voyageurs en France a été multiplié par quatre, le réseau autoroutier par plus de 30 et le trafic aérien mondial par… 600 [11] !

On pourrait multiplier les indicateurs, mais il ne faut pas se tromper de conclusion. Ce n'est pas seulement une simple croissance de la mobilité physique qui est ainsi mise en évidence ; c'est notre mode de vie qui intègre désormais la mobilité comme une réalité constitutive, y compris dans ce qui paraît stable, c'est-à-dire notre habitat. Nous habitons plusieurs endroits successivement, avec un rythme qui s'accélère[12], mais

9 Guy BOURGEOIS (Institut national de recherche sur les transports et leur sécurité), *La mobilité des français*, Paris, Centre national de la fonction publique territoriale, 2012.

10 Nombreuses statistiques auprès de l'UNWTO, agence spécialisée des Nations-Unies concernant le tourisme.

11 Temis, base documentaire du Ministère de la transition écologique et solidaire ; Observatoire des transports de l'ARAFER, l'association de régulation des activités routières et ferroviaires ; International Air Transport Association (iata.org).

12 10 % des français déménagent chaque année. Cf. Pauline DELANCE et Benjamin VIGNOLLES, *Ca déménage ?*, INSEE, 2017.

d'une certaine manière nous habitons plusieurs endroits à la fois, ou nous habitons de manière changeante les mêmes endroits : pensons aux couples qui de plus en plus conservent chacun leur logement, aux familles recomposées, aux résidences secondaires, à l'explosion des formules du type Airbnb, etc.

Ces mobilités croissantes ne sont d'ailleurs pas sans contre-effets paradoxaux, si l'on songe par exemple aux embouteillages, au fait que nous marchons de moins en moins (mais que du coup nous faisons de plus en plus de course à pied, pardon, de *running*!) ou surtout à ce que les médecins appellent la sédentarité, qui est devenu un problème majeur et mondial de santé publique[13].

Un lieu me semble assez bien représenter ces aspects frappants et parfois contradictoires de nos mobilités : ce sont les salles de sports. Leur nombre est en pleine expansion, elles ne désemplissent pas[14], et qu'y voit-on ? Des gens de tous âges, de tous milieux, qui marchent, qui courent, qui pédalent, qui rament, mais… sur place. Ces salles de sport sont des temples de la mobilité immobile et chronométrée.

Migrations, déplacements quotidiens, tourisme, loisirs : non seulement la mobilité géographique est partout, même quand on ne bouge pas, mais encore elle me semble marquée par une certaine frénésie. Une frénésie

---

13 Voir le site de l'Organisation mondiale de la santé : www.who.int/diet-physicalactivity/factsheet_inactivity/fr.

14 Elles sont aux yeux de certains devenues un lieu de socialisation plus important que les cafés ! Voir par exemple : http://sport24.lefigaro.fr/le-scan-sport/2016/03/26/27001-20160326ARTFIG00017-comment-expliquer-le-boom-de-la-musculation-en-france.php

qui signale sans doute une inquiétude, voire une angoisse. Laquelle ? Et pourquoi ?

L'angoisse des limites atteintes

Je crois que dans la seconde moitié du 20e siècle, nous avons collectivement pris conscience d'une réalité jusqu'alors assez théorique pour la plupart d'entre nous : le monde n'est pas infini. Le monde est limité, fini et, surtout, nous avons atteint ses limites. Il n'y a plus de territoires à conquérir, comme on le croyait encore dans la période coloniale. Il n'y a plus de terres plus ou moins vierges à disposition, sinon peut-être les autres planètes, comme l'illustre la rhétorique américaine de la « nouvelle frontière » au début des années 1960. Depuis les deux guerres mondiales, les frontières sont devenues un sujet si inflammable que le statu quo semble être la seule option réaliste. Et bien sûr, cette conscience que nous avons touché aux limites, et que l'insouciance est du coup devenue impossible car notre vie est en jeu, constitue le fond de la grande préoccupation écologique.

Si l'on rapproche l'appétit de mobilité de cette prise de conscience, n'y a-t-il pas là la manifestation d'une angoisse ? L'angoisse de ne plus percevoir d'échappatoire, de se sentir enfermé. C'est comme si le fait qu'il n'y ait plus d'extérieur accessible décuplait l'agitation à l'intérieur. Je pense ici au hamster qui court toujours plus vite dans la roue de sa cage. Et le fait de prendre conscience de cette situation nous met en panne. Je pense ici à cette sculpture d'Alberto Giacometti intitulée *L'homme qui marche*. C'est l'une des œuvres artistiques emblématiques du siècle.

Lorsqu'on la voit, on est saisi par cette silhouette à la fois pleine d'élan et immobile. Peut-être nous reconnaissons-nous dans ce totem, en marche et en panne, dans une sorte de mobilité suspendue et, semble-t-il, sans but.

Sans but. Je disais : nous ne tenons plus en place. J'ajoute : même si c'est en faisant du surplace, pris dans une sorte d'agitation inquiète, de frénésie angoissée. C'est comme si nous cherchions une ivresse dans la mobilité. Une ivresse, pour oublier. Pour oublier quoi ? Peut-être pour oublier que nous ne savons plus répondre à la question de la destination[15] et que, dès lors, notre mobilité pourrait bien être sans but, dépourvue de sens.

La question du sens de la marche

Alors, revenons à la Bible. Le peuple hébreu a été confronté, à sa manière, à cette question de la mobilité dans l'espace. Je crois même que la marche, à peu près l'unique moyen de transport dont il disposait, fait profondément partie de ce qui tisse son identité. L'étymologie du nom même, *hébreu*, renvoie à l'idée d'un trajet, d'une traversée. Les récits fondateurs sont tous des récits de déplacement. Les plus anciennes confessions de foi s'enracinent dans le nomadisme : « *Tu diras devant le Seigneur, ton Dieu : Mon père était un araméen errant* »[16]. Et les deux événements majeurs de l'histoire du peuple hébreu devenu peuple d'Israël tiennent en deux mots : exode, exil.

Le peuple d'Israël a été constitué comme tel pendant l'Exode, pendant cette marche vers la terre promise

---

15 Francis WOLFF, *Trois utopies contemporaines*, Paris, Fayard, 2017.

16 Deutéronome 26.5

par Dieu. Durant cette marche, Israël a connu la première de ses tentations majeures : ne pas prendre au sérieux la promesse. Qu'il a été difficile de quitter l'Égypte, douloureuse sans doute mais où l'on était fixé ! Et comment garder foi dans la promesse en plein milieu d'un désert où l'on a faim, soif, et où la ligne de l'horizon n'est pas encore verte ? C'est parce qu'Israël n'a pas su laisser sa marche être orientée par la promesse qu'il a tourné en rond, pendant quarante ans.

Après ces quarante années, Israël est enfin arrivé dans la terre promise par Dieu. Et là surgit et resurgit sans cesse la seconde grande tentation, qui est de se croire propriétaire de cette terre. La promesse n'est ici plus oubliée, elle est dévoyée. Et c'est parce que l'auteur de la promesse sera oublié de manière si répétitive, disent les prophètes, qu'Israël connaîtra un exil de plus de quarante ans à Babylone.

Israël est un peuple en marche, ou bien il n'est plus. Un peuple appelé à se mettre en marche vers la terre promise et un peuple appelé à rester en marche une fois arrivé sur cette terre promise. Car dans la promesse de la terre, l'important n'est pas tant la terre que la promesse. C'est la promesse qui donne le sens de la marche, au double sens de ce mot : la promesse donne la direction de la marche, en en rappelant l'origine et la destination ; et elle en donne la signification, qui se trouve dans la relation instaurée avec l'auteur de la promesse, Dieu.

Israël, peuple mobile par vocation, fait son malheur quand il oublie pourquoi et pour quoi il marche. Car le tout n'est pas d'être mobile, mais de garder vivant le sens de cette mobilité. C'est bien simple : si la marche n'a pas de sens, on tourne en rond. Et l'on peut s'agiter toujours plus, on n'en reste pas moins paralysé, enfermé, en panne.

Quand nous sommes ou quand nous voulons être toujours plus mobiles, quel est donc notre mobile ? Après quoi marchons-nous ? Après quoi courons-nous ? L'important, est-ce le but ? Est-ce la marche elle-même ? Est-ce ce qui se révèle au fur et à mesure de la marche vers un but, c'est-à-dire ce dont le déplacement est l'occasion ?

2

Mobilités dans le temps et ses métamorphoses

Nous ne tenons plus en place. Nous devenons de plus en plus mobiles. Bien sûr, l'être humain a toujours été mobile, individuellement – voyez par exemple le voyage d'Ulysse – et collectivement – pensons notamment aux migrations. Mais aujourd'hui, ces mobilités s'intensifient, s'accélèrent et se diversifient. Pourquoi donc ?

Nous avons évoqué nos mobilités dans l'espace : les migrations, nos déplacements quotidiens, le tourisme et les loisirs… Nous avons confronté ces mobilités à celles évoquées dans la Bible. Car la Bible est pleine de mobilités, depuis Adam et Ève jusqu'à Paul en passant par Abraham, le peuple d'Israël, Jésus bien sûr et tant d'autres. Et ce temps de Carême, ce chemin qui nous conduit vers la Semaine sainte, la croix et Pâques, est l'occasion de tisser nos mobilités contemporaines aux mobilités évoquées dans la Bible, et même à la mobilité de Dieu. Car Dieu, oui, n'est ni immuable, ni immobile : il se déplace – nous y reviendrons, bien sûr.

Mais on n'est pas mobile uniquement grâce à ses pieds ou à tout autre moyen de transport. Nous sommes mobiles de beaucoup d'autres manières que seulement dans l'espace. Nous sommes mobiles aussi dans le temps.

Nos expériences du temps

Mobiles dans le temps ? Qu'est-ce à dire ? Car, si j'osais le paradoxe, je dirais qu'il n'y a pas plus éternel que le temps. Pour nous, le temps n'a ni commencement, puisqu'il nous précède, ni fin, puisqu'il continuera après nous. Nous sommes dans le temps et nous ne pouvons pas nous en extraire.

Le temps a quelque chose d'éternel aussi parce que nous ne pouvons ni l'accélérer, ni le ralentir : une heure c'est une heure, une année c'est une année, et les micro-variations astronomiques du temps nous sont imperceptibles. Le temps s'écoule quoi que nous fassions.

En outre, le temps au sens de notre époque, de « notre temps » comme on dit, nous ne l'avons pas choisi. Nous n'avons pas décidé de notre date de naissance. Sauf rares exceptions, nous ne choisirons pas la date de notre mort.

Même la rationalisation du temps est une chose sur laquelle nous avons peu de prise : le calendrier ne se décrète pas vraiment. Le calendrier révolutionnaire français, inventé en 1792, tomba en désuétude après seulement quelques années, avant d'être abrogé et mis au rang des curiosités pittoresques mais inopérantes. Et quels que soient les calendriers des diverses cultures, ils s'élaborent et évoluent, très lentement, avec toujours les mêmes rythmes fondamentaux : le jour, le mois, l'année.

Le temps s'impose à nous. Et il en a toujours été ainsi, pour tous les êtres humains et pour toute la réalité. C'est sans doute le cœur de la signification du premier acte créateur de Dieu tel qu'il est évoqué par la première page de la Genèse : « *Au commencement (...) Dieu dit : qu'il y a ait de la lumière ! Et il y eut de la lumière. Dieu vit que la lumière était bonne et Dieu sépara la lumière et les ténèbres. Dieu appela la lumière 'jour' et il appela les ténèbres 'nuit'. Il y eut un soir et il y eut un matin : premier jour* »[1]. Premier jour, avec des ténèbres et de la lumière, alors même qu'il n'y a aucun astre, ni soleil, ni étoiles, ni lune : cela ne viendra qu'au quatrième jour. Mais avant même les astres donc, et avant tout autre aspect du cosmos, le poème de la création évoque cette alternance du jour et de la nuit, le jour, la nuit, le jour, la nuit, le jour, la nuit... Un rythme, qui précède tout. Un battement, toujours déjà là. Une pulsation, qui accueille tout le reste : le temps. D'abord, il y a le temps, qui s'impose.

Et pourtant. Avec tout autant de force et d'évidence, nous faisons l'expérience inverse : le temps est éminemment élastique. Il est variable. Nous ne le parcourons pas d'un pas égal et régulier. Il y a le temps court et le temps long : une année n'a pas du tout la même réalité quand on est un petit enfant, un adulte ou un vieillard.

---

1 Genèse 1.1,3-5

Il y a le temps rapide et le temps lent : celui qu'on ne voit pas passer, dans les moments de plaisir ou d'engagement intense, et celui qui n'en finit pas de passer, dans un embouteillage ou quand on doit fournir un effort absurde. Il y a le temps imperceptible comme après une nuit de bon sommeil et le temps infligé, lorsqu'on est incarcéré en prison. Il y a le temps qui s'arrête avec la maladie et le temps qui repart avec la guérison. Il y a le temps continu et le temps haché : le temps continu comme lorsqu'on contemple un coucher de soleil jusqu'à ce qu'il disparaisse derrière l'horizon, le temps haché par les connexions – sms, notifications, téléphones, mails – qui peuvent venir sans cesse interrompre le flux de ce qu'on est en train de faire.

Le temps est donc toujours extérieur et il s'impose. Mais tout autant, il est subjectif, transformé par ce qui se passe ou non justement, il est tout sauf immuable et éternel. Et non seulement le temps nous affecte de manière changeante, mais nous pouvons circuler à l'intérieur du temps, par notre mémoire et par notre imagination. Avec la mémoire et l'imagination, il s'agit de bien plus que simplement de souvenirs ou de fiction. Avec la mémoire, nous avons la capacité, liée à notre conscience, de revenir en arrière, de remonter le temps et de rendre présent le passé ; la mémoire est la condition de nos savoirs, de notre identité, de notre présence spécifiquement humaine au monde. Avec l'imagination, nous avons la capacité, symétrique, de nous projeter en avant, d'envisager l'avenir, d'anticiper ; l'imagination permet les projets et le déploiement de ce que nous sommes.

Au fond, nous éprouvons trois perceptions de ce temps qui, à la fois, s'impose et varie considérablement. Trois perceptions qui s'articulent les unes aux autres, avec des appréciations positives ou négatives selon les occasions : il y a le temps circulaire, le temps orienté et le temps suspendu. Le temps circulaire, c'est le temps répétitif, routinier, qui fait repasser, chaque jour ou chaque année, par les mêmes sensations, les mêmes gestes, les mêmes rituels. C'est un temps parfois confortable, mais parfois ennuyeux. Le temps orienté, c'est le temps où les choses se déroulent, où elles ont un commencement, un milieu et une fin. C'est le temps des projets, le temps des récits, le temps de notre vie étirée de la naissance à la mort. C'est un temps marqué par l'activité, mais aussi par la frustration. Le temps suspendu, c'est le temps entre parenthèses, par exemple dans l'éternuement ou l'orgasme, mais aussi dans l'attente d'un événement majeur et imminent qui fait oublier tout le reste. C'est un temps qui peut notamment être marqué par le plaisir et par l'angoisse.

La Bible, miroir de nos expériences du temps

La Bible aussi est traversée par ces expériences du temps et elle les évoque avec une grande puissance de suggestion.

Le temps circulaire est magnifiquement évoqué par le Qohéleth, en particulier, ce sage qu'on appelle aussi l'Ecclésiaste : « *Il y a un temps pour planter et un temps pour arracher ce qui a été planté, un temps pour démolir et un temps pour bâtir, un temps pour pleurer et un temps pour rire, un temps pour garder et un temps pour jeter, un temps pour déchirer et un temps pour coudre… Ce qui est a déjà été et ce qui sera a déjà été* »[2] et « *Le soleil se lève, le soleil se couche et il aspire au lieu d'où il se lève (…) et il n'y a rien de nouveau sous le soleil* »[3]. Il y a chez le Qohéleth une lucidité sans détours, presque brutale, qui décape les illusions, mais qui prend en compte et donne toute sa valeur à cette expérience du temps circulaire, sans la juger ni la mépriser, mais en la plaçant devant Dieu.

Le temps orienté est bien sûr très présent dans les Écritures bibliques. Certains auteurs voient même dans la Bible la matrice de cette conception du temps[4]. La figure du prophète est sans doute celle qui l'incarne le mieux. Les prophètes bibliques ne sont pas des devins, bien au contraire. Ils sont des observateurs au regard particulièrement acéré quant à l'enchaînement des causes et des effets. « Puisque *tu as méprisé la parole du Seigneur,* dit le prophète Nathan au roi David, *et que tu as abattu par l'épée Urie le Hittite,* alors *l'épée ne s'écartera jamais de ta maison* »[5]. Le prophète Amos de Teqoa proclame aux notables de Jérusalem : « *Vous croyez éloigner le jour du malheur et vous faîtes approcher le règne de la violence ! Couchés sur des lits d'ivoire, vautrés sur des divans, ils mangent les jeunes béliers du troupeau et les veaux à l'étable. (…)* C'est pourquoi maintenant *ils vont être exilés en tête des exilés et les banquets des vautrés prendront fin* »[6]. Les prophètes mettent en lumière les conséquences des actes du peuple et, souvent, de ses dirigeants. C'est

---

2 Qohéleth 3.1-15 (extraits)
3 Qohéleth 1.5,9
4 Emmanuel Levinas ou Maurice Blanchot, par exemple.
5 2 Samuel 12.9 s.
6 Amos 6.3-4,7

pourquoi ils dépeignent volontiers Dieu entrant en procès avec son peuple, car le tribunal, avant la sentence, est le lieu du jugement, c'est-à-dire de la mise en lumière des liens de cause à effets. C'est pourquoi aussi, plus souvent encore, les prophètes transmettent un appel au changement, à la conversion, sur le mode : *si* vous changez, *alors* il y aura telle conséquence, et *si* vous ne changez pas, *alors* il y aura telle autre conséquence. « *Reviens, Israël l'infidèle*, proclame le prophète Jérémie[7], *et je n'aurai plus pour vous un visage sévère – déclaration du Seigneur* ». La parole du prophète est, si je puis dire, la parole du temps orienté qui vient faire irruption dans le temps répétitif, ce temps de l'éternel retour qui nourrit l'illusion que tout pourrait continuer comme avant, sans changement.

Le temps circulaire, le temps orienté ; le temps suspendu, enfin, est lui aussi très présent dans la Bible. Il n'est pas rare que cette manière de considérer le temps soit accompagnée du nombre quarante, comme une sorte de petit clignotant. Le Déluge, ce temps durant lequel Noé et ses compagnons sont suspendus dans le chaos liquide, dure quarante jours et quarante nuits ; le séjour au désert du peuple hébreu, entre esclavage et terre promise, dure quarante ans ; Moïse reste avec Dieu sur la montagne, ou Elie marche vers la rencontre décisive avec Dieu, pendant quarante jours et quarante nuits ; quarante jours, c'est également le délai avant la destruction de Ninive, la durée de la tentation de Jésus au désert, ou le temps entre la résurrection et l'ascension du Christ[8]. Ce sont des temps à part,

7 Jérémie 3.12

8 Voir respectivement Genèse 6-9, Deutéronome 2.7 et 8.2 *passim*, Exode 24.18 et 34.28 ; 1 Rois 19.8 ; Jonas 3.4 ; Marc 1.13 et parallèles, Actes 1.3. Voir encore l'embaumement de Jacob (Genèse 50.3), l'exploration de la

entre parenthèses. À des échelles différentes, ils échappent au temps répétitif comme au temps orienté, ce sont presque des temps en dehors du temps : c'est le temps suspendu.

Peut-être la réalité biblique la plus originale et la plus suggestive à propos du temps est-elle le sabbat. Le sabbat articule étroitement ces trois manières de vivre, d'habiter le temps : circulaire, orientée et suspendue. Le sabbat est bien sûr marqué par la répétition puisque c'est une fête qui revient chaque semaine et perpétuellement, quelles que soient les circonstances et les lieux[9]. Mais c'est une fête qui inscrit cette répétition dans le temps orienté, car elle fait mémoire de la création et elle est trace de la libération[10]. Enfin, c'est bien sûr et par excellence une fête de la suspension, puisqu'elle se caractérise d'abord par l'obligation de mettre ses travaux et son activité entre parenthèses, et cela en raison même de la sainteté à laquelle Dieu appelle[11]. Le sabbat est apparu très certainement au moment de l'Exil à Babylone, lorsqu'Israël s'est retrouvé privé de terre, de roi et de temple, c'est-à-dire des fruits et des signes de la promesse de Dieu. Sans ses institutions et ses lieux les plus significatifs, Israël a alors pensé une nouvelle manière, inédite, de placer à nouveau cette promesse au cœur de sa vie, en l'inscrivant non plus dans l'espace mais dans le temps.

Au croisement des expériences les plus communes du temps – temps circulaire, orienté et suspendu – ce fut une sorte de métamorphose du temps, une invention

---

terre promise avant d'y entrer (Nombres 13.25), etc.

9 Exode 31.13 et 34.21, Lévitique 23.3.

10 Sabbat et création : Exode 20.11 ; sabbat et libération : Deutéronome 5.15.

11 Lévitique 19.1-3.

géniale. Et une invention vitale car, s'il se coupe de la promesse du Dieu fidèle, Israël meurt en tant que peuple appelé.

Englués dans un présent trépidant

J'ai le sentiment que nous-mêmes, aujourd'hui, vivons collectivement un temps désorienté. Un temps comme coupé de ce qui lui donne sa valeur et son sens. Un temps qui ne sait plus guère se tourner ni vers son avenir, ni vers son passé et qui du coup se retrouve comme englué dans un présent trépidant.

Nous ne partageons plus guère de perspective commune vers l'avenir, comme la croyance au Progrès ou l'espoir du « Grand soir ». Depuis 1945 et Hiroshima, l'idée de progrès, en particulier sous sa forme scientifique, porte dans ses flancs la menace d'une destruction radicale. Comme l'écrivait Albert Camus au lendemain même de cet événement : « *La civilisation mécanique vient de parvenir à son dernier degré de sauvagerie. Il va falloir choisir, dans un avenir plus ou moins proche, entre le suicide collectif ou l'utilisation intelligente des conquêtes scientifiques* »[12]. Avouons que, depuis ce propos, la dissémination nucléaire, la disparition de la moitié des mammifères en deux génération[13], l'effondrement de la biodiversité ou les bouleversements climatiques ne sont pas des signes très

12 Éditorial de *Combat*, 8 août 1945.

13 Gerardo CEBALLOS, Paul R. EHRLICH, Rodolfo DIRZO, « Biological annihilation via the ongoing sixth mass extinction signaled by vertebrate population losses and decline », *Proceedings of the National Academy of Sciences of the United States of America*, www.pnas.org, 10 juillet 2017.

convaincants que nous ayons fait le choix de l'intelligence. Quant à l'autre horizon radieux, celui des espérances historiques collectives, il s'est évanoui. La date-repère est ici 1989. La chute du Mur de Berlin, l'effondrement des dernières illusions quant au « socialisme réel » comme on disait, ont eu, bien au-delà, un effet dévastateur : ils ont emporté avec eux à peu près tout ce qui restait d'espoir révolutionnaire, quels qu'en soient les traits. Nous ne partageons plus de vision mobilisatrice et commune de l'avenir, aussi bien pour nos enfants qu'à plus long terme. L'avenir est devenu pire que menaçant : il est opaque.

Nous ne partageons plus guère de vision d'avenir et je crains qu'il en soit de même du côté du passé. Nous nous laissons moins séduire, et c'est très heureux, par la propagande historique. Nous sommes plus conscients qu'autrefois de ce que l'histoire n'existe pas en elle-même et qu'elle est toujours une construction. Mais cet acquis s'accompagne parfois d'une sorte de dévalorisation de l'histoire en elle-même, par principe. Il arrive à l'histoire ce qui arrive à la température des prévisions météo : c'est de plus en plus le « ressenti » qui compte. L'individu-roi, qui suspecte par principe toute autorité extérieure, a tendance à réfuter ce qui n'est pas validé par sa propre expérience. Les épisodes récents à propos de ce qu'on a appelé les *fake news* ou les « faits alternatifs » sont un symptôme extrême et absurde de cette primauté accordée au ressenti et à son caractère indiscutable. À l'histoire, construite avec rigueur et en commun, se substitue volontiers la mémoire d'un individu, d'un groupe, qui produit ainsi son identité, parfois de toutes pièces et souvent en réfutant tout héritage. « *Nous avons perdu la conscience de porter une histoire collective* »[14] et, donc, à l'histoire partagée se substitue une concurrence entre des mémoires juxtaposées et souvent rivales.

C'est comme si notre capacité de visiter ensemble le passé et de nous projeter ensemble vers l'avenir disparaissait. Nous perdons la mobilité commune dans le temps. Nous voici pris dans un présent qui occupe toute la place, un présent qui est devenu permanent[15]. Hier, et plus encore avant-hier, est passé par pertes et profits ; demain, et plus encore après-demain, ne vaut plus guère la peine d'aujourd'hui : il est trop incertain, trop hypothétique, pour que des satisfactions futures justifient des renoncements présents. Alors, il faut tout concentrer dans le ici et maintenant, dans notre propre vie et dans notre propre génération.

Il faut « vivre plusieurs vies en une seule » : c'est devenu l'idéal de la vie accomplie et enviable – nous y reviendrons. Et, pour cela, il n'y a pas trente-six solutions : il faut accélérer. Accélérer toujours plus : les expériences, les changements, les déplacements, les mobilités, les rythmes, les connexions, les déconnexions pour faire place à des reconnexions… Le phénomène social majeur à propos du temps, c'est l'accélération[16]. Nous la subissons et nous y contribuons. Elle nous grise et elle nous épuise. Nous sommes englués dans un présent trépidant.

---

14 Régis DEBRAY, interview donnée à France-Inter, 22 septembre 2017.

15 Jean-Claude GUILLEBAUD, *Le goût de l'avenir*, Paris, Seuil, 2003, pp. 335 ss.

16 Hartmut ROSA, *Accélération. Une critique sociale du temps*, Paris, La Découverte, 2010.

L'espérance, ou : l'éternité à la rencontre d'aujourd'hui

Or, la Bible propose encore une autre figure du temps. Elle invite ses lecteurs à se déplacer dans le temps, à faire un détour par l'avenir, et à découvrir que ce détour est fécond et libérateur pour leur aujourd'hui. Cette mobilité dans le temps porte un nom bien spécifique : l'espérance.

L'espérance n'est pas l'espoir. Elle en est même le contraire, d'une certaine façon. Albert Camus écrivait ceci à propos de l'espoir : « *S'il y a un péché contre la vie, ce n'est peut-être pas tant d'en désespérer que d'espérer une autre vie, et de se dérober à l'implacable grandeur de celle-ci. (…) De la boîte de Pandore où grouillaient les maux de l'humanité, les Grecs firent sortir l'espoir après tous les autres, comme le plus terrible de tous. (…) L'espoir, au contraire de ce qu'on croit, équivaut à la résignation. Et vivre, c'est ne pas se résigner* [17]. »

Contre la fatalité, y compris lorsqu'elle est revêtue des traits de l'espoir, contre la résignation, l'espérance est l'irruption d'un avenir, offert pour que nous puissions transformer notre présent. L'espérance, c'est l'éclosion de l'éternité aujourd'hui.

C'est le cœur du message du livre de l'Apocalypse. Son auteur puise dans les symboles des Écritures passées : l'agneau ou le jardin par exemple. Grâce à eux, il déchiffre un avenir qui n'est pas hypothétique, mais qui est déjà réalisé : « *C'est fait !* » dit plusieurs fois le messager évoqué

17 Albert CAMUS, *Noces*, *in* : *Essais*, Paris, Gallimard, Bibliothèque de la Pléiade, 1965, p. 76.

dans le livre de l'Apocalypse[18]. Oui, c'est fait : l'agneau immolé *est* vainqueur ; oui, c'est fait : le jardin *est* au cœur de la cité nouvelle qui descend d'auprès de Dieu ; oui, c'est fait : le règne de Dieu est *déjà* ouvert[19]. C'est cette espérance, cet avenir donné et certain, qui vient faire éclater la persécution présente, le désespoir, l'absurde. L'éternité s'invite dans l'aujourd'hui de Jean, l'auteur de l'Apocalypse, et donc dans l'aujourd'hui de ses lecteurs, pour le déverrouiller et abattre la résignation.

C'est ce même message que l'Évangile selon Matthieu place dans la bouche de Jésus, avec la parabole des dix jeunes filles[20], dont cinq sont dites sottes et cinq avisées. Ces dix jeunes filles d'honneur attendent toutes, avec leurs lampes, le marié qui va arriver à la fête : elles vont l'honorer en éclairant ses derniers pas. Cinq d'entre elles ont un comportement normal, habituel, raisonnable : elles n'ont pas pris de réserve d'huile pour leur lampe – à quoi bon une réserve puisqu'il s'agit seulement d'éclairer quelques pas ? Et cinq d'entre elles ont fait un choix inhabituel, plutôt ridicule même : elles ont pris une réserve d'huile pour leur lampe, on se demande bien pourquoi. Or, le marié tarde. C'est contraire au protocole et aux usages, mais c'est ainsi. Et ce sont donc les jeunes filles au comportement illogique, qui ont raison : c'est pourquoi elles sont dites avisées. Et les jeunes filles d'honneur au comportement prévisible et habituel sont qualifiées de sottes. Les jeunes filles dites avisées ont fait le détour par

18 Apocalypse 21.6

19 Apocalypse 22.1-5

20 Matthieu 25.1-13. Pour un développement plus important à propos de cette parabole, voir : Laurent SCHLUMBERGER, *À l'Église qui vient*, Lyon, Olivétan, 2017, pp. 59 ss.

l'avenir, en l'occurrence le retard du marié, et elles en ont tiré les conséquences pour leur présent. Pour elles, l'avenir n'est pas un présent bêtement répété et étiré ; pour elles, le présent transformé est le fruit de l'avenir anticipé.

Voilà l'espérance : passer par demain pour être mis en mouvement aujourd'hui. Cette mobilité à laquelle les Écritures nous invitent, c'est comme un renversement du temps : saisir ce moment, cette occasion, ce *kairos* comme dit le grec du Nouveau Testament, c'est-à-dire cette éternité de Dieu qui vient rencontrer notre aujourd'hui. Dans notre présent circulaire et répétitif, ou trépidant dans une course sans fin et désorientée, les Écritures nous ouvrent à un avenir, déjà accompli, qui déverrouille le présent. Elles nous invitent à tirer maintenant les conséquences de demain.

3

Mobilités dans la culture et ses écarts

Nous ne tenons plus en place. Il faut changer, bouger, évoluer, se déplacer, s'adapter, rebondir... La mobilité est devenue un paramètre qui marque toujours plus notre quotidien concret, mais aussi nos manières de nous représenter notre vie, nos relations avec les autres et avec le monde.

Il peut bien sûr être utile et même nécessaire d'être mobile, pour fonder une famille, trouver un travail, tout simplement survivre parfois et pour bien d'autres raisons encore – ce n'est pas nouveau. Mais cette mobilité s'accentue, s'accélère, se systématise. Plus encore, cette mobilité est devenue *a priori* une qualité, quelque chose de bien, de bon, de positif en soi, presque un idéal de vie.

Je dis « la mobilité » au singulier ; je devrais en parler au pluriel. Car cette mobilité, ces mobilités concernent des aspects toujours plus nombreux de nos existences intimes et collectives. Nous avons évoqué les mobilités dans l'espace, depuis les migrations jusqu'à nos trajets quotidiens, en passant par le tourisme et les déplacements de toute nature. Puis les mobilités dans le temps, car aussi curieux que cela puisse paraître au premier abord, notre manière de nous déplacer dans le temps se transforme. Tournons-nous à présent vers les mobilités dans la culture, au sens le plus large de ce terme.

La lecture des Écritures et les écarts qu'elle suscite

Et commençons en ouvrant la Bible, pour y lire un texte très significatif de la mobilité à laquelle la lecture des Écritures bibliques conduit son lecteur. Ce récit se trouve dans le livre des Actes des apôtres, au chapitre 8[1]. Nous sommes peu après la mort, la résurrection et l'ascension de Jésus, dans les tous premiers temps de l'Église, qui connaît ses premières persécutions et qui voit donc certains de ses membres fuir hors de Jérusalem et se disperser.

> *« Le messager du Seigneur dit à Philippe : 'Va vers le sud, sur le chemin qui descend de Jérusalem à Gaza, dans le désert.' Il se leva et partit. Or un Éthiopien, un eunuque, haut fonctionnaire de Candace, la reine des Éthiopiens, et responsable de tous ses trésors, était venu à Jérusalem pour adorer, et il s'en retournait, assis sur son char, en lisant à haute voix le prophète*

1 Actes 8.26-39

Ésaïe. L'Esprit dit à Philippe : 'Avance et rejoins ce char.' Philippe accourut et entendit l'Éthiopien qui lisait le Prophète Ésaïe. »

Philippe faisait initialement partie du groupe des sept hommes chargés de la logistique dans l'Église à Jérusalem. Mais il s'est donc doublement déplacé puisque, d'une part, il a quitté Jérusalem et, d'autre part, il est devenu prédicateur. C'est à l'occasion d'un de ses déplacements que sa route croise celle du personnage principal de notre histoire : un africain, qui a entrepris un long voyage. Il vient d'Éthiopie, où il est ministre des finances. Étant eunuque, il ne peut pas faire partie de la communauté religieuse d'Israël ; mais il est sans doute sympathisant puisque « pour adorer », sans qu'on en sache plus sur ce que cela signifie concrètement dans son cas, il est venu à Jérusalem. Surtout, c'est un homme qui fait un chemin intérieur et personnel, un homme qui a une quête spirituelle puisque, pendant son voyage, il lit un passage de ce que nous appelons l'Ancien Testament. D'emblée, cette histoire nous met donc en présence de personnages qui, de multiples manières, sont l'un et l'autre mobiles : ils voyagent, ils ont transgressé leur statut, ils sont en cheminement intérieur. Poursuivons.

« [Philippe dit à l'Éthiopien] : 'Comprends-tu ce que tu lis ?' Il répondit : 'Comment le pourrais-je, si personne ne me guide ?' Et il invita Philippe à monter s'asseoir avec lui. Le passage de l'Écriture qu'il lisait était celui-ci : 'Il a été mené comme un mouton à l'abattoir ; et, comme un agneau muet devant celui qui le tond, il n'ouvre pas la bouche. Dans son abaissement, son droit a été enlevé ; et sa génération,

qui la racontera ? Car sa vie est enlevée de la terre.' L'eunuque demanda à Philippe : 'Je te prie, de qui le prophète dit-il cela ? De lui-même ou de quelqu'un d'autre ?' Alors Philippe prit la parole et, commençant par cette Écriture, il lui annonça la bonne nouvelle de Jésus. »

Les déplacements se poursuivent donc et les écarts s'enchaînent. L'Éthiopien lit un texte qui a voyagé à travers les siècles. Qui a voyagé aussi à travers les langues, puisque ce texte était initialement écrit en hébreu et que l'Éthiopien le lit en grec. Surtout, un écart apparaît entre lire et comprendre : « *comprends-tu ce que tu lis ?* », demande Philippe. Cet écart, c'est celui de l'interprétation. Il ne suffit pas de lire, il faut encore faire du chemin pour comprendre et, sur ce chemin, Philippe va servir de guide. Ce chemin d'interprétation conduit l'Éthiopien depuis ce texte ancien jusqu'à son aujourd'hui, et depuis une figure énigmatique, un homme comparé à un agneau silencieux mis à mort, jusqu'à Jésus, le Christ. On est donc passé de déplacements physiques, au début de notre récit, à des déplacements dans la compréhension des textes, de l'histoire, de Dieu. Et ces déplacements, ces écarts successifs vont même s'inscrire dans sa propre existence.

« Comme ils continuaient leur chemin, ils arrivèrent à un point d›eau. L›eunuque dit : 'Voici de l›eau ; qu›est-ce qui m›empêche de recevoir le baptême ?' Il ordonna d›arrêter le char. Tous deux descendirent dans l›eau, Philippe ainsi que l›eunuque, et il le baptisa. Quand ils furent remontés de l›eau, l›Esprit du Seigneur enleva Philippe. L›eunuque ne le vit plus : il poursuivait son chemin, tout joyeux. »

Tout cela s'est donc passé en chemin. Le voyage s'interrompt, le temps d'un écart au bord de la route, pour recevoir le baptême. Et l'Éthiopien reprend sa route ; venu de la lointaine Afrique jusqu'à Jérusalem, il rentre chez lui, mais déplacé, remué, transformé, désormais lié à Jésus. Et, touche finale du récit, il est passé de la perplexité à la joie.

Ce récit articule toute une série de mobilités de natures très diverses. Il les met en scène et en intrigue, dans une petite dramaturgie qui signifie ceci : lire les Écritures, et les lire à la lumière de l'Évangile, c'est entrer dans un jeu d'écarts qui, de proche en proche, pas à pas, déplace les points de vue du lecteur, jusqu'à transformer sa compréhension des textes, du monde et de lui-même, devant Dieu. Lire les Écritures ouvre à une sorte de mobilité globale.

La Bible, phénomène interculturel par excellence

Mais ce n'est pas seulement cet épisode des Actes des apôtres qui met en valeur le cheminement d'un homme à l'occasion de sa lecture. C'est la raison même d'être des Écritures bibliques que de conduire leur lecteur, lecteur individuel ou lecteur collectif, dans des déplacements, des écarts, des cheminements, bref des mobilités, susceptibles de bouleverser sa vie. C'est en cela qu'elles ont autorité : lorsque leur lecture est l'occasion d'une transformation, d'une réorientation, d'une avancée de l'existence.

Or si les Écritures bibliques ont cette capacité, c'est parce qu'elles-mêmes sont le fruit de mobilités à travers les espaces, les temps, les langues, les cultures. Elles ont tant traversé de réalités humaines diverses qu'elles ont ainsi acquis un caractère universel, non pas d'un universel théorique et surplombant, mais universel au sens où cela concerne chaque lecteur là où il en est.

Si vous avez une Bible chez vous, vous savez qu'elle se présente comme un livre, un volume unique, sur lequel est écrit *La Bible* ou *La sainte Bible*. Et ce simple fait éditorial semble entériner l'idée selon laquelle la Bible est un bloc massif, monolithique, immobile, univoque, sacré. Cette idée semble évidente et, pourtant, rien n'est plus inexact.

D'abord, la Bible ce n'est pas *un* livre. C'est soixante-six livres, voire un peu plus selon les traditions, les époques, les Églises. J'ai vérifié chez moi : soixante-six livres cela équivaut à deux rayonnages entiers, une sorte de petite bibliothèque en somme. Parler de *livres* est un peu abusif : parmi ces quelques soixante-six textes, il y a des livres mais aussi des lettres, des compilations, des chants, des chroniques… Et tous ces textes sont aussi divers que des récits, des poèmes, des traités juridiques, des recueils de proverbes, des paraboles, des contes, des discours, des archives royales, des généalogies, des oracles… Or, on ne lit pas une jurisprudence comme on lit un poème d'amour ou une lamentation funèbre. Le lecteur qui circule dans la Bible doit déplacer sa manière d'aborder les textes, s'adapter à ce qu'il lit, changer d'angle d'un ouvrage à l'autre, parfois d'une page à l'autre.

Ces écrits ont été produits sur une période de l'ordre du millier d'années. C'est comme si on rassemblait des écrits datant du Moyen-Âge jusqu'à aujourd'hui ! Encore faut-il préciser qu'un certain nombre de ces propos et récits avaient été auparavant transmis oralement, parfois pendant des générations, avant leur mise par écrit et leur compilation, ce qui a une influence sur la nature même du message[2].

Ces livres ont été écrits dans des langues qui n'ont rien à voir entre elles : l'hébreu et le grec principalement, avec quelques passages en araméen. Ce sont des langues aussi dissemblables que, mettons, l'arabe et le norvégien, ou le chinois et le portugais : elles n'utilisent pas les mêmes lettres, elles ne s'écrivent pas dans le même sens, elles n'ont pas du tout la même grammaire, elles ne sont pas originaires des mêmes aires géographiques, elles n'ont pas la même représentation du monde. Songeons par exemple que l'hébreu ne connaît guère les concepts, ce que le grec en revanche affectionne, ou encore qu'il ignore les conjugaisons des verbes au passé, au présent et au futur ! Et il faudrait ajouter, puisque les plus anciens et les plus récents des textes ont un millier d'années d'écart, qu'il y a eu de nombreuses variations à l'intérieur même de la langue, un peu comme pour la langue française entre la *Chanson de Roland* et, une dizaine de siècles après, le dernier Rap à la mode.

Ce n'est pas tout : la traduction, autrement dit le passage d'un monde linguistique à un autre, fait partie intégrante de beaucoup de textes bibliques. L'Ancien Testament, largement écrit en hébreu, a été traduit en grec à partir du 3e siècle avant Jésus-Christ parce que pour

2 Sur ce passage de la parole orale et écoutée, au texte écrit et lu, et ce que ce passage entraîne, voir notamment : Paul RICOEUR, « Éloge de la lecture et de l'écriture », *Études théologiques et religieuses*, supplément hors-série au n° 2005 / 4, pp. 85 ss.

beaucoup de ses lecteurs, l'hébreu était devenu une langue incompréhensible : ils n'ont donc eu accès à ce texte qu'au travers de cette traduction, dite des Septante. Ou bien encore les évangiles rapportent en grec des propos que Jésus n'a jamais pu exprimer de cette manière, puisqu'il parlait araméen. Encore faut-il préciser que ce grec est un grec bâtard, mélange de dialectes utilitaire et passe-partout, un grec véhiculaire, l'équivalent de « l'anglais d'aéroport » d'aujourd'hui.

Et il ne s'agit là que de la forme des textes ! Mais cette profusion de diversité, cette extraordinaire variété qui puise à tant de genres, de sensibilités, de styles, d'époques, de langues et de cultures se retrouve également dans leurs contenus. Des motifs bibliques, parfois parmi les plus fondamentaux, ont été empruntés à d'autres cultures : il en va ainsi, ce ne sont que trois exemples, du récit du Déluge, issu de la Mésopotamie antique, du livre de Job, qui a des origines arabes, ou des récits d'alliance, qui s'inspirent des pactes entre suzerains et vassaux du Proche-Orient ancien. Nombre d'épisodes bibliques fonctionnent ainsi par emprunt et subversion : ils vont chercher une bonne part de leur substance dans d'autres cultures, puis ils s'en éloignent pour les accommoder de manière originale. Cet écart est parfois très polémique, justement pour se démarquer : c'est par exemple le cas de la première page du livre de la Genèse, qui au lieu de considérer les astres comme des êtres célestes et divins, comme c'était le cas dans les cultures environnantes, les désacralise complètement et en fait de simples lampions utilitaires.

Cette diversité de contenus est enfin à l'œuvre, et peut-être est-ce le plus important, à l'intérieur de la Bible elle-même. Les textes bibliques mettent en regard les uns des autres, en dialogue ou en tension, d'innombrables récits, points de vue et messages. Dès les premières pages de la Genèse, il y a deux récits de création, non superposables l'un à l'autre. De nombreux prophètes s'écartent de la tradition cultuelle sacerdotale et la critiquent. Le Qohéleth, ce grand sage, ou bien encore le livre de Job, contestent la sagesse des Proverbes. Les évangélistes Matthieu ou Luc prolongent l'œuvre de Marc tout en s'en distinguant, et l'évangéliste Jean plus encore. L'épître de Jacques prend le contrepied de l'épître aux Galates, par exemple à propos d'Abraham. Et, faut-il le rappeler, le Nouveau Testament tout entier se dégage de l'Ancien Testament, dans les deux sens du verbe : il en est issu et en même temps il emprunte de tout autres chemins.

On appelle les quelques soixante-six livres qui composent la Bible : le canon biblique – *canon* vient d'un mot grec qui désigne une règle à mesurer, donc une *référence*. Cette liste n'a pas été décidée un beau jour par des autorités religieuses, mais elle s'est établie progressivement, au fil de tâtonnements et de débats, avec parfois un consensus très rapide pour tel livre et parfois des polémiques très vives autour de tel autre. Le canon biblique n'est donc pas indéfini, puisque le nombre de livres retenus est limité. Mais à l'intérieur de ces limites, cette extraordinaire diversité est constitutive de la Bible, revendiquée, irréductible. La Bible n'est pas un bloc homogène, sacré, tombé du ciel et en prise directe avec notre culture contemporaine. Elle déploie devant ses lecteurs un monde, à explorer. Quand nous ouvrons la Bible, nous devenons des voyageurs dans ce monde, fait de tant de paysages, habité de tant de personnages et de peuples, pétri de tant de langues et de cultures. Nous devenons mobiles pour explorer ce monde et, le découvrant, pour découvrir notre vie devant Dieu.

Cultures et globalisation

Pourquoi s'être arrêté un peu longuement à parler des Écritures bibliques sous un angle culturel ? Parce que cette manière si frappante – et même unique – qu'a la Bible de conjuguer une telle diversité de formes et de contenus, est aujourd'hui d'une pertinence et d'une actualité étonnantes.

Nos mobilités contemporaines s'accentuent et s'accélèrent. Elles ne sont pas seulement visibles dans l'espace et dans le temps ; elles concernent aussi la culture. Bien sûr, il y a toujours eu des porosités d'une culture à une culture voisine : Molière ou Mozart enchantaient leurs publics en glissant dans leurs œuvres des « turqueries », comme on disait alors. Mais aujourd'hui, c'est de tout autre chose qu'il s'agit, à une toute autre échelle. Comme le résume Michel Serres d'une image saisissante : quand nous empoignons notre smartphone, nous tenons le monde entier au creux de notre main, le monde avec ses nouvelles, ses rumeurs, ses savoirs, ses cultures[3]. Cette globalisation interculturelle est à la fois massive, espérée et contestée.

Elle est massive. Nous avons déjà évoqué le tourisme ou le développement d'une langue véhiculaire commune. Mais pensons au cinéma : les productions sont de plus en plus conçues à l'échelle mondiale, tant dans

3 Michel SERRES, *Petite poucette*, Paris, Le Pommier, 2012.

leurs sujets que dans leurs réalisations ou leurs commercialisations. Il en va de même des grandes marques commerciales, des noms de voitures ou des parcs de jeux. La musique se nourrit d'échanges globaux et incessants, tant dans la musique dite savante que dans celle dite populaire ou traditionnelle, et l'un de ses courants les plus dynamiques, depuis une génération, s'appelle précisément la *world music*. Les standards audiovisuels formatent de plus en plus un regard commun voire uniforme et, en même temps, les moteurs de recherche ou les encyclopédies en ligne donnent accès à des singularités qui nous seraient autrement restées à tout jamais inconnues. Car, bien sûr, les agents les plus visibles de ce brassage global des cultures sont les grands acteurs et réseaux numériques : ils n'existaient pas il y a seulement vingt ans[4].

Cette mobilité interculturelle massive est espérée, appréciée, parfois encensée. Un peu à la manière du commerce des épices lors de la Renaissance, elle donne des saveurs, des couleurs, des résonances, des dimensions supplémentaires à notre vie, là où nous sommes. Si l'éloge du métissage sous toutes ses formes est devenu si fréquent, c'est bien parce que nous percevons ce que ces croisements des cultures peuvent apporter de fécond. Ils semblent nous faire avancer vers un horizon d'unité humaine, de coexistence universelle sans heurts ni frictions. On entend parfois même s'exprimer des rêves d'abolition des frontières.

Et c'est également pourquoi, à l'inverse, cette mobilité interculturelle massive et espérée, est en même temps

---

4 Thomas L. FRIEDMAN, journaliste et éditorialiste au *New York Times*, situe en 2007 le basculement majeur dans ce domaine : *Merci d'être en retard*, Paris, Éditions Saint-Simon, 2017, notamment pp. 21 ss.

contestée, dénoncée, parfois rejetée. Car elle fait craindre une sorte d'assimilation, de fusion uniforme, qui raboterait les particularités culturelles et finalement les abolirait. L'ouverture et la mobilité peuvent être vues, en matière culturelle comme ailleurs, comme un coup d'accélérateur apporté aux modèles dominants, donc comme un risque mortel pour les réalités plus fragiles, plus petites, plus disséminées, qui auraient pourtant autant de légitimité à demeurer et s'épanouir. Et ces inquiétudes se traduisent parfois par des clôtures communautaristes, des agressivités identitaires, qui sont le revers du fantasme d'abolition des frontières.

Les mobilités ont acquis dans le domaine de la culture, au sens le plus large de ce mot, une ampleur, une vitesse et une puissance qui exposent les échanges culturels à une double menace, symétrique : d'un côté l'homogénéisation, qui absorbe tout, de l'autre l'isolement identitaire, qui sépare tout. Et ces deux extrêmes sont l'un comme l'autre porteurs d'une violence menaçante[5].

Lire les Écritures : une mobilité au service de la rencontre

C'est ici qu'il faut revenir à ce que la lecture des Écritures bibliques réalise. Peut-être avez-vous remarqué qu'en réfléchissant à ce passage des Actes des apôtres

5 « *Ce qui la* [l'humanité] *menace aujourd'hui, c'est l'accélération planétaire des échanges qui nous amènent à nous ressembler de plus en plus, et ce sont les haines raciales ou religieuses qui nous incarcèrent dans nos différences* ». Olivier ABEL, « Le problème de l'humanité », *De l'amour des ennemis et autres méditations sur la guerre et la politique*, Paris, Albin Michel, 2002, p. 219.

qui raconte les voyages et la rencontre de Philippe et de l'eunuque éthiopien, et qu'en élargissant ensuite cette réflexion à l'ensemble des Écritures bibliques, j'ai employé à plusieurs reprises le mot *écart*. Ce n'est pas un hasard.

À considérer les cultures sous l'angle de leurs similitudes, et surtout à valoriser celles-ci, on ne peut que devenir insensible aux particularités culturelles, les rendre insignifiantes, accélérer leurs disparitions. Inversement, à considérer les cultures sous l'angle de leurs différences, et surtout à rendre celles-ci irréductibles, on ne peut que dresser les cultures les unes contre les autres, les enfermer chacune dans une essence identitaire agressive et d'ailleurs parfaitement illusoire. Mais à penser les relations interculturelles en termes d'écart, on maintient à la fois la distance et la proximité.

Un écart c'est une distance, mais dans la proximité. C'est un voisinage, mais sans confusion. L'écart entre deux personnes est nécessaire à leur dialogue. Il permet de rester en regard. Il ouvre un entre-deux. Il fait de l'apport de l'un une ressource disponible pour l'autre, sans que cela prive ou appauvrisse quiconque. Il honore chacun. Il fait grandir ce qui est commun et ce qui est singulier. Il permet un pas de côté, un écart comme on dit justement, pour se considérer soi-même, et considérer l'autre, un peu différemment. Et ce qui est vrai des personnes l'est aussi élargi à l'ampleur des cultures[6].

Penser l'interculturel entre terme d'écart, c'est cultiver la mobilité en la mettant au service de la rencontre.

6 Sur cette notion d'écart dans le domaine culturel, voir: François JULLIEN, *Il n'y a pas d'identité culturelle*, Paris, L'Herne, 2016.

C'est exactement ce que font les Écritures bibliques pour leurs lecteurs. Elles tiennent ensemble et proposent au lecteur deux récits de la création, trois langues, quatre évangiles, cinq *meguiloth*[7], douze petits prophètes, soixante-six livres, cent cinquante psaumes… une immense diversité, en somme, déployée dans un périmètre commun. Et les Écritures ne demandent au lecteur ni de faire son marché, ni de sélectionner ce qui lui plaît, elles le font circuler d'une ressource à l'autre, elles le font entrer dans cette immense conversation, elles le mobilisent – c'est-à-dire qu'elles le rendent mobile – pour le conduire de rencontre en rencontre, des rencontres qui éclairent la Rencontre majuscule et qui sont éclairées par elles.

Être lecteur de la Bible, c'est être mis au bénéfice du plus grand phénomène interculturel de l'histoire humaine. Mais cela ni dans une uniformisation insipide, ni dans un communautarisme séparateur. C'est se laisser entraîner dans un pas-à-pas, un de-proche-en-proche, qui ouvre à l'universel authentique, cet universel qui passe toujours par le singulier. Lire la Bible, c'est une pédagogie qui fait passer du zapping à la rencontre.

7 Ou cinq « rouleaux », c'est-à-dire cinq livres brefs de l'Ancien Testament, très divers, lus lors de certaines fêtes juives : le Cantique des cantiques, Ruth, les Lamentations, Qohéleth et Esther.

4

Mobilités dans l'existence et ses potentialités

Que les êtres humains soient mobiles n'est vraiment pas une nouveauté ! Mais ces mobilités – dans l'espace, le temps ou la culture – se multiplient, s'accentuent, s'accélèrent et se combinent au point qu'elles sont peut-être en train de changer de nature, ou encore de sens. La mobilité ne constitue plus seulement une phase temporaire entre deux situations plus durables de stabilité, par exemple lorsque je change de domicile ou de métier. De période transitoire entre deux états stables, la mobilité semble être devenue une sorte d'état permanent.

La vie liquide

Le philosophe et sociologue Zygmunt Bauman a forgé une expression qui exprime bien cette combinaison de mobilités diverses qui s'entraînent mutuellement. Une métaphore qui a connu et qui connaît un grand succès, parce qu'elle est très parlante. Il dit que notre société est devenue liquide, que notre vie est devenue liquide[1].

Le mot *société* a d'abord désigné un groupe aux relations durables et très étroites. On parlait de société d'amis, de société savante, de société de bienfaisance… Puis le mot a pris une tournure économique, pour désigner des groupes de personnes associées dans un projet aux intérêts financiers communs. Puis la signification du mot s'est étendue à l'ensemble d'une vaste communauté humaine, ce qu'on appelle : *la* société. Ce glissement de sens a été possible parce que sauf exceptions, notamment les périodes révolutionnaires, la société, au sens large donc, était marquée par une grande stabilité des rôles, des statuts, des classes. Son organisation était guidée par une recherche de stabilité très forte, parfois étouffante pour l'individu. La grande affaire était d'y trouver sa place, puis de la conserver ou de l'améliorer patiemment ; ou bien, si l'on était misérable, relégué ou rebelle, de parvenir à changer de place.

Notre société et donc notre vie, dit Bauman, sont devenues liquides. Les diverses mobilités se combinent pour en faire un milieu toujours plus mouvant, un réseau et non plus une structure, un flux sans fin de connexions, de déconnexions et de reconnexions. Celui qui est adapté à cette société liquide évite de se laisser enfermer dans un seul rôle, un seul statut, un seul métier, qui demain

1 Né en 1925 en Pologne et décédé en 2017 en Grande-Bretagne, Zygmunt BAUMAN a commencé à publier ses analyses concernant la société liquide à partir de 1998.

pourrait être dépassé. L'important n'est-il pas d'être réactif, et même proactif, capable d'adaptation, d'initiative, de résilience, de flexibilité ? Il faut savoir se saisir des opportunités qui surviennent, guetter celles qui pourraient se présenter, sans jamais se laisser définitivement happer par une seule. Il faut être ici, prendre part à une réunion par exemple, et en même temps là-bas, répondre à ses sms par exemple. Il faut être avec ceux-ci, sans cesser d'être disponible pour ceux-là. Dans une société et une vie liquides, l'important est de bouger, sinon on coule. Et donc les projets sont flottants, les apprentissages sont plus souvent mis à jour, la durée des postes d'une brillante carrière diminue, les familles se recomposent, les produits nouveaux chassent les produits dont l'obsolescence est programmée, l'attention papillonne, les expériences de toute natures doivent sans cesse se renouveler…

Du désir d'autonomie au rêve d'indépendance

Nous rêvons toujours plus notre vie comme une succession de nouveaux départs : voyez les émissions télévisées consacrées à tous les *relooking* possibles et imaginables, les méthodes pour repartir à zéro, les conseils pour « enfin devenir soi-même », les modes managériales axées sur le changement permanent, les *born-again* qui ont le vent en poupe au sein de toutes les religions, les partis politiques qui se transforment en mouvements. À ce sujet, songeons tout simplement au dernier épisode politique important en France, il y a un an, structuré autour de l'éclosion soudaine d'un mouvement, « En marche ! », qualifié non plus par un but mais par la mobilité elle-même.

Parler de vie liquide n'est donc pas seulement une manière de décrire des évolutions sociales – notre société est de plus en plus mouvante et nous y sommes toujours plus mobiles –; c'est aussi une expression qui dit le modèle auquel nous essayons individuellement de nous conformer: il nous *faut* être mobile. La mobilité est une injonction.

Autrefois, il était recommandé et vertueux d'être fidèle toute sa vie à ses choix, de rester inébranlable dans ses convictions, de faire toute sa carrière dans la même maison; aujourd'hui, cette stabilité est suspecte: être stable, n'est-ce pas faire preuve d'immobilisme? De rigidité? Regardez l'idéal que l'on propose aux enfants – donc aussi à leurs parents. Le premier long métrage d'animation produit par les studios Walt Disney, en 1937, racontait l'histoire de Blanche-Neige, cette jeune fille qui surmontait, par sa ténacité et surtout par l'intervention miraculeuse d'un prince, tous les obstacles qui l'empêchaient de devenir ce qu'elle était déjà: une princesse. À la suite de quoi ce prince et Blanche-Neige vivaient éternellement dans leur château: difficile d'imaginer plus stable! L'un des tout derniers longs métrages d'animation des mêmes studios, 80 ans plus tard, raconte l'histoire d'une lapine qui parvient, contre tous les déterminismes, à devenir son antithèse, c'est-à-dire un policier intrépide, redouté et admiré. Et la chanson du générique de fin de ce film, *Zootopia*, et ce titre souligne bien la dimension d'idéal du film, cette chanson s'appelle *Try everything*, « Tout essayer »[2].

Nous sommes passés d'un idéal à l'autre: d'un idéal de stabilité au milieu des siens, à un idéal de mobilité dans

2 La fameuse chanson de Blanche-Neige, elle, commençait sur ces mots: « Un jour mon Prince viendra, un jour on s'aimera, dans son château,… ».

une ville-monde. Ce qui est bon, ce qui est bien, c'est de multiplier les expériences. La vie bonne, c'est celle qui permet de diversifier ce que l'on pourrait appeler les essais de soi. Notre respect, voire notre admiration, vont aux personnes qui ne sont pas les êtres d'une seule préoccupation, d'une seule dimension, mais qui savent passer d'un champ à l'autre, qui sont à l'aise dans des mondes différents, qui conjuguent plusieurs talents, plusieurs compétences, successivement et plus encore simultanément. Nous admirons, parfois jusqu'à la fascination, les personnes qui vivent plusieurs vies en une seule.

Pourquoi? Je crois que cela tient à ce qui est le moteur même de notre civilisation occidentale, dans ses périodes moderne et contemporaine: la recherche de l'autonomie. Depuis les 16e et 17e siècles, notre modernité est caractérisée par une volonté d'émancipation, c'est-à-dire la conquête progressive de notre autonomie. L'autonomie, c'est ne pas se voir imposer extérieurement sa condition. C'est être le sujet de soi-même et non pas un sujet assujetti à un autre. C'est se donner, tous ensemble, les lois qui nous régissent. L'inverse extrême de l'autonomie, ce serait l'esclavage, dans lequel un autre dispose entièrement de moi. La démocratie moderne est à la fois le fruit et le moyen de cette conquête d'autonomie.

Or aujourd'hui, ce désir d'autonomie, ce désir de liberté partagée devient souvent un rêve d'indépendance totale[3]. Non seulement je veux pouvoir affirmer toujours plus mon « je » de sujet, mais je veux le faire sans être limité par le « je » des autres. L'accent se déplace du

---

3 Dominique SCHNAPPER, *L'esprit démocratique des lois*, Paris, Gallimard, 2014, pp. 35 ss.

citoyen, inséré dans un corps politique tissé de solidarités, comme par exemple la Sécurité sociale à laquelle il est affilié, vers l'individu délié, maîtrisant toujours plus sa propre prévoyance par l'assurance qu'il choisit de souscrire par exemple. Le peuple citoyen peut bien être souverain, désormais le client est roi – et le client, c'est moi. Je veux, donc j'ai droit. Et ce droit est plus souvent qu'à son tour un droit-à, et non plus seulement un droit-de. Les exigences collectives sont de moins en moins opposables à ma volonté individuelle. Il ne s'agit plus tant de décider, dans le champ du commun, de notre destin collectif; ce que je veux, c'est être l'auteur de ma vie.

Quête ou fuite ? Une évolution ambivalente

Être l'auteur de sa vie. Faut-il se réjouir de cette évolution vers une vie toujours plus marquée par la mobilité pour explorer toutes les potentialités de l'existence, ou faut-il s'en inquiéter ? Faut-il y voir une quête, légitime, ou une fuite, mais de quoi ?

On connaît le jugement entier et sévère de Blaise Pascal : « *Tout le malheur des hommes vient d'une seule chose, qui est de ne pas savoir demeurer en repos dans une chambre.* (...) *Les hommes aiment tant le bruit et le remuement* », car le divertissement « *les détourne de penser à soi* » [4]. C'est ce que Pascal écrit, mais nul n'est obligé d'être pascalien au point de voir le fait de garder la chambre comme le plus enviable des idéaux ! Aucun d'entre nous ne souhaite être assigné une fois pour toutes, que ce soit à une place, un rôle ou un groupe. Aucun d'entre nous,

4 Blaise PASCAL, *Pensées*, Paris, Pocket, 2003, pp. 149 s.

me semble-t-il, ne souhaiterait renoncer à cette mobilité accrue de l'existence qui est synonyme d'une liberté plus grande, d'une capacité plus large à conduire sa propre vie.

D'où vient alors ce sentiment que la mobilité a aussi quelque chose d'épuisant, de malsain, de ravageur? Pour y voir plus clair, faisons un pas de côté, à l'aide d'une vieille notion, bien oubliée, alors qu'elle désigne une réalité très présente aujourd'hui : l'acédie. Ce terme d'origine grecque[5] a été repris par les premiers moines chrétiens[6] pour décrire un ensemble de tendances, voire de symptômes, qu'ils observaient en eux-mêmes et qui les faisaient beaucoup souffrir, au point de les menacer dans leur choix d'existence même. Ce choix d'existence était radical, bien sûr : une vie centrée sur la prière persévérante, à l'écart de la vie sociale ordinaire, en général au désert. Or ces premiers moines – qu'on appelle donc les Pères du Désert – avaient remarqué qu'ils étaient fréquemment assaillis, en plein cœur de la journée, par des bouffées d'instabilité. Ils se sentaient soudainement à l'étroit, comme s'ils étouffaient dans une vie étriquée. Cela leur donnait une envie irrépressible de sortir, de bouger, de changer, d'aller autre part. Ils avaient brusquement l'impression de perdre leur temps, de passer à côté des choses importantes, de gâcher leur vie, de devoir essayer autre chose. À quoi bon rester là et persévérer? Au fond, la vraie vie était ailleurs. Et ce sentiment, parfois violent, cette acédie provoquait deux conséquences qui sont comme les deux faces d'une même médaille : d'un côté une espèce d'agitation vaine et

5 *A* (pivatif) et *keô* (prendre soin), d'où *akèdiá* ou *akèdeia* : négligence, indifférence, découragement.

6 Le premier « théoricien » en a été ÉVAGRE, dit le Pontique (346, Anatolie – 399, Nord de l'Égypte).

forcément insatisfaite, d'autre part un abattement ou un dégoût puisque tout semblait devenir absurde. La suractivité et la dépression.

La suractivité, c'est-à-dire une vie ultramobile, accélérée, dans laquelle on cherche à être en plusieurs lieux à la fois, à faire plusieurs choses en même temps, à rester hyperconnecté. Et la dépression, ce sentiment si lourd et douloureux d'à-quoi-bon, de vide, d'ennui mortel, d'échec, de déconnexion. Suractivité et dépression : deux problèmes de santé publique parmi les plus importants aujourd'hui, qui se combinent par exemple dans ce fléau ultra contemporain qu'est le *burn-out*. Et, sans atteindre forcément ce niveau pathologique, l'agitation pour devenir soi et à la fois la fatigue d'être soi[7], sont deux traits majeurs de notre société ici et maintenant.

Ces moines hyperstables, qui avaient des tentations d'hypermobilité et, de manière symétrique, des phases d'affaissement profond, reprenaient pied non pas en en faisant plus, ni en en faisant moins, mais en se recentrant sur le *sens* de l'existence qu'ils avaient choisie. Cela nous éclaire sur ce qui me semble être la question pertinente, à propos de nos mobilités. Cette question pertinente n'est pas celle d'un excès de mobilités de notre existence, comme si la stabilité était en soi une bonne chose, pas plus que d'un manque de mobilités, comme si la mobilité était en soi désirable. La vraie question est celle du sens. Une existence marquée, et de plus en plus marquée, par des mobilités, *pour quoi* ?

7 Alain EHRENBERG, *La fatigue d'être soi. Dépression et société*, Paris, Odile Jacob, 2008.

Éloge de l'itinéraire : vocation et sanctification

Il nous faut ici reprendre les Écritures bibliques. À dire vrai, et au contraire des mobilités dans l'espace, dans le temps ou dans les cultures, ces mobilités dans l'existence dont nous parlons aujourd'hui sont très peu présentes dans la vie de tout un chacun telle que la Bible l'évoque. Certes, il est écrit dès la Genèse que « *l'homme quittera son père et sa mère, et s'attachera à sa femme* »[8], la mobilité se faisant d'ailleurs plutôt en sens inverse dans les faits. Mais c'est à peu près tout.

En revanche, deux motifs très marquants de mobilité existentielle sont présents d'un bout à l'autre des Écritures bibliques. Il s'agit de la vocation et de la sanctification.

La vocation, d'abord. Dieu a appelé Abram et cet appel a bouleversé sa vie personnelle, conjugale, familiale, professionnelle, sociale, religieuse[9]. Dieu a appelé Moïse et cet appel a eu des conséquences peut-être plus importantes encore, puisque cet appel englobait le sort concret et immédiat de tout un peuple et de chacun de ses membres[10]. Dieu a appelé David, qui gardait les troupeaux de son père, pour en faire le roi emblématique d'Israël. Dieu a appelé Ésaïe, Jérémie ou encore Ézéchiel à devenir prophètes[11]. Il a appelé Amos, de derrière ses troupeaux[12], il a appelé Jonas, par deux fois[13]. Et Jésus a appelé un à un ses

8 Genèse 2.24
9 Genèse 12.1ss
10 Exode 3.1ss
11 Ésaïe 6 ; Jérémie 1 ; Ezéchiel 1-3
12 Amos 7.14 s.
13 Jonas 1.1 ; 3.1

disciples, qui ont quitté la stabilité de leur métier et de leur famille pour le suivre. Le Christ ressuscité a appelé Paul et toutes ses appartenances s'en sont trouvées renversées : lui qui était si fier d'être Hébreu, de la tribu de Benjamin, pharisien, défenseur zélé de la loi religieuse, a considéré tout cela comme des « *ordures* » à cause de Jésus-Christ[14].

De manière chaque fois différente, ces vocations ont provoqué une transformation de fond en comble, un déplacement radical de l'existence de ceux qui étaient appelés. D'ailleurs, elles s'accompagnaient parfois d'un changement de nom, qui résume à lui seul cette mobilité constitutive d'une existence nouvelle. Abram devient Abraham, Jacob devient Israël, Simon devient Pierre, ou Saoul devient Paul[15]. La vocation adressée par Dieu à un être humain peut provoquer la plus profonde et la plus essentielle des mobilités, non pas seulement *dans* l'existence mais *de* l'existence elle-même.

Or, si ces vocations sont des épisodes remarquables s'adressant à des personnages singuliers, un appel d'ordre comparable résonne dans la Bible pour des auditoires beaucoup plus larges, sous la forme de l'appel à se convertir. Les verbes utilisés dans les Écritures pour dire la conversion[16] sont utilisés près de huit cent fois, c'est dire leur importance. Ils signifient fondamentalement un déplacement, une mobilité. Cette mobilité, surtout en hébreu, est très concrète : convertir, c'est revenir, retourner, changer ; en grec, elle est plus conceptuelle et signifie plutôt : penser plus loin, changer d'avis. Toujours, il s'agit d'un

14 Philippiens 3.4-9

15 Genèse 17 ; Genèse 32.29 ; Matthieu 16.17ss ; Actes 13.9

16 Principalement *shouv* en hébreu et *metanoeô* en grec.

changement global et fondamental, comme lorsque Jésus, au début de son activité publique, proclame à qui veut l'entendre : « *Le temps est accompli, le royaume de Dieu s'est approché, changez radicalement* (ou encore : convertissez-vous) *et croyez à la Bonne nouvelle* »[17].

De même qu'une vocation spécifique peut être adressée à certains, la conversion est un appel qui s'adresse à tous. Elles sont toutes deux de l'ordre du changement, du mouvement, de la mobilité existentielle. L'une comme l'autre sont provoquées par un appel de Dieu, ou transmis de la part de Dieu. Elles sont proches de la notion de salut, qui s'exprime lui aussi sur le mode du déplacement, puisque le salut est une libération, une sortie de la captivité, un passage.

Après la vocation ou la conversion, le second motif marquant de la mobilité existentielle dans les Écritures est la sanctification. Ce que ce mot évoque, c'est en quelque sorte l'élan impulsé par le mouvement premier de la conversion. La sanctification est un déplacement[18] qui se prolonge et se déploie, sur la lancée du salut. Par exemple, le peuple hébreu, libéré d'Égypte, apprend au désert à vivre dans la durée de la libération reçue[19]. Ou les chrétiens, que le Nouveau Testament appelle d'ailleurs souvent les saints, sont encouragés à se comprendre comme un peuple

---

17 Marc 1.15. Cet appel condense une métamorphose du temps (« *le temps est accompli* »), une image dans le registre spatial (« *le royaume de Dieu s'est approché* ») et une mobilité existentielle (« *changez radicalement et croyez à la bonne nouvelle* »).

18 La racine hébraïque *QDSh* contient en elle-même la notion d'écart, donc de mobilité.

19 Lévitique 11.45ss et Deutéronome 8.1-6, par exemple.

en marche[20]. Devenir saint, ce n'est pas vouloir devenir parfait, c'est être renouvelé par l'esprit du Dieu vivant[21]. C'est aller à la rencontre de celui qui déjà est venu et qui toujours à nouveau vient à notre rencontre, et qui lui seul est saint en vérité[22].

C'est pourquoi, très souvent, cette sanctification s'exprime sous les traits de la marche. Dans l'Ancien Testament, cette marche est par exemple celle du pèlerinage vers Jérusalem[23], c'est-à-dire la ville qui recèle le Temple, ce souvenir de la demeure mobile de Dieu au désert. Dans le Nouveau Testament, cette marche est par exemple celle à la suite du Christ[24], lui qui est venu dans le monde, lui qui est notre Pâque c'est-à-dire qui est en lui-même passage, lui qui nous précède et qui vient.

Dans la relation avec Dieu, les mobilités sont donc partout. À la lumière des Écritures, plus qu'à vivre notre vie, nous pourrions dire que nous sommes appelés à 'marcher' notre vie. Le début de la vraie vie, de la vie en abondance, c'est une sortie, une traversée, une libération, qui est le fruit d'une rencontre avec Dieu. Et la suite de cette vraie vie, son déploiement, son épanouissement, c'est une marche, un pèlerinage pour renouveler cette rencontre et en démultiplier les effets dans des rencontres avec les autres[25].

---

20 Philippiens 3.20 et Hébreux 13.13 ss, par exemple.

21 2 Corinthiens 4.16

22 Psaume 22.4, *passim.*

23 Voir les Psaumes 120 à 134, dits « des montées ».

24 Jean 12.26, *passim.*

25 La théologie protestante a apporté des nuances à cette articulation, dans des débats parfois vifs.
La tradition luthérienne insiste plus sur le dynamisme de Dieu, qui renouvelle l'être humain ; la tradition réformée à la suite de Calvin, sur le

En ouverture de cette réflexion, je disais qu'au fond, il y a trois dimensions dans les mobilités, qui se combinent et sans cesse se recombinent. Il y a la mobilité qui consiste à partir pour parvenir quelque part, parvenir à un but : c'est la mobilité comme moyen. Il y a la mobilité qui consiste à partir, et repartir, et repartir encore : c'est la mobilité comme fin, en elle-même. Et il y a la mobilité qui est fruit de rencontres et qui permet des rencontres, chemin faisant : ni seulement moyen, ni vraiment fin, elle est occasion. Occasion d'autre chose que d'atteindre un objectif prévisible, d'autre chose que de se nourrir de son propre mouvement, occasion d'un renouvellement imprévu et pourtant espéré : une rencontre, des rencontres porteuses de vie.

Nous venons de le voir, avec la métaphore de la marche, la mobilité est omniprésente et centrale dans les Écritures. Mais elle n'a pas son sens en elle-même. C'est une marche, une mobilité provoquée par une rencontre et tendue vers une rencontre. Le mobile de cette mobilité, c'est la rencontre. Et Dieu, le premier, se rend lui-même mobile pour ces rencontres.

---

dynamisme de l'être humain renouvelé. La première inclut la sanctification dans le mouvement de justification, chaque jour réactivé ; la seconde place plutôt la sanctification dans la suite de la justification, comme un chemin de conformité au Christ.

Ces nuances ont historiquement donné lieu à des attitudes un peu différentes : la tradition luthérienne insiste sur la vocation, les mandats, l'état social dans lequel on se trouve, avec le risque du conformisme ; la tradition réformée insiste sur les recommencements possibles, la dissidence, la sécession même, avec la tentation purificatrice.

Le méthodisme a vu dans la sanctification le fruit d'une seconde grâce, qui s'ajoute à celle de la justification.

Le piétisme a beaucoup insisté sur l'articulation entre conversion, justification, sanctification.

5

Le Dieu mobile

Le plus souvent, il est assis en majesté. Au milieu de gros nuages denses et voluptueux, il siège sur un trône lourd et stable. Derrière ces nuées, un ciel d'azur immuable, intense et transparent à la fois. Parfois, il est environné de quelques êtres célestes et vaporeux ; parfois au contraire, il est seul. Toujours, il arbore une imposante, une vénérable barbe blanche. Car il est toujours masculin, mais d'un masculin âgé, comme hors du temps. Éthéré, immuable, éternel, immobile : voici Dieu. Dieu, ou plutôt sa représentation la plus convenue, la plus banale pour nous, celle qui, dans notre culture, vient sans doute le plus spontanément à l'esprit.

Il existe bien sûr des représentations différentes de Dieu, qu'il faut en général écrire alors au pluriel. Dans ce cas, nos images mentales nous entraînent volontiers du côté de la mythologie grecque et romaine. Les statues et les peintures sur poteries, et par la suite une grande part de l'art occidental, nous présentent à profusion ces dieux comme des êtres humains idéalisés, ou stéréotypés en fonction de ce qu'ils représentent : la beauté, la guerre, la mort, la sagesse, le temps, etc. Des dieux très théoriques en somme, résidant dans leur Olympe quand ils ne sont pas des humains presque comme les autres.

Enfin, il y a des représentations de Dieu qui veulent signifier que Dieu est irreprésentable, comme le fameux triangle par exemple. Évoquant l'équilibre et la stabilité, ce triangle est souvent enrichi d'un œil, l'œil de l'omniscience, et de rayons de soleil, qui signifient l'omniprésence ou l'omnipotence.

Ces représentations diverses, nous savons bien que ce ne sont, justement, que des représentations, et nous les considérons avec sourire et recul. Pourtant, elles perdurent, signe qu'elles sont peut-être plus prégnantes qu'elles n'en ont l'air. D'ailleurs, elles ne sont pas tombées du ciel, elles ont été produites par l'esprit humain, elles imprègnent des cultures et donc elles nous influencent nous aussi en profondeur, éventuellement malgré nous.

Or, que disent ces représentations, toutes ces représentations même si elles le font chacune à sa manière ? Elles disent que Dieu est immuable, éternel, infini, parfait… bref, qu'il est immobile.

Dieu est immobile et nous, ici, parlons de mobilités ! Nous avons évoqué les mobilités humaines dans l'espace, notamment les migrations, les déplacements quotidiens, le tourisme. Nous avons parlé des mobilités dans le temps, avec les changements de notre rapport au passé et à l'histoire d'un côté, à l'avenir et à l'utopie de l'autre, ou encore avec l'accélération sociale et l'inflation du présent. Nous avons réfléchi aux mobilités culturelles, aux mobilités dans nos modes de vie. Et si nous avons souvent noté que toutes ces mobilités ne sont bien sûr pas complètement nouvelles dans l'histoire de l'humanité, leur renforcement à l'époque contemporaine, leur accélération et leur interpénétration s'accentuent au point de marquer de manière toujours plus forte la globalité de notre vie personnelle et collective, qui s'en trouve bouleversée.

Y aurait-il donc d'un côté des mobilités humaines toujours plus fortes, parfois désordonnées, voire épuisantes à force d'être fébriles, et de l'autre une immuable immobilité du Dieu éternel ? Comment vivre une foi en un Dieu immobile dans un monde toujours plus mobile ? Faut-il soit conclure que Dieu est de plus en plus déconnecté de la vie humaine, soit estimer que l'agitation humaine ne peut être que condamnée par Dieu ? Faut-il se résigner à devoir choisir entre un athéisme pratique post-moderne d'un côté, ou un mode de vie pré-moderne, façon Amish, de l'autre ?

À moins que ce ne soient nos représentations de Dieu qu'il faille reconsidérer, critiquer, peut-être même mettre à bas. Retournons donc aux Écritures bibliques, pour exposer à leur lecture nos représentations, nos questions, nos attentes.

La mobilité de Dieu selon les Écritures

Et voici les premières lignes de la première page du premier livre de la Bible : « *Au commencement, Dieu créa le ciel et la terre. La terre était un chaos, elle était vide ; il y avait des ténèbres au-dessus de l'abîme et le souffle de Dieu tournoyait au-dessus des eaux* »[1]. Selon ces premières phrases des Écritures, quelque chose est mobile : l'Esprit de Dieu, ou encore le souffle de Dieu. Quelque chose d'un peu mystérieux et d'insaisissable, mais qui est de Dieu lui-même. Le contraste avec le chaos vide, les ténèbres, l'abîme, est fort : ce souffle, cet esprit n'est pas figé, et même il virevolte.

Si nous tournons la page, nous trouvons le second récit qui parle de la création. Ce récit a pour décor un jardin, l'Éden, et pour personnages l'homme-Adam et la femme-Ève, et des animaux, des arbres et des fruits – et Dieu bien sûr. Et que fait Dieu dans ce jardin ? Il se promène. L'homme et la femme, nous dit le texte, « *entendirent le Seigneur Dieu qui parcourait le jardin avec la brise du soir* »[2]. Dieu va, Dieu vient, Dieu marche et se promène.

Si nous ouvrons les Écritures cette fois-ci à leur autre extrémité, aux toutes dernières lignes de la dernière page du dernier livre, que lisons-nous ? « *Celui qui atteste ces choses dit : oui, je viens bientôt. Amen, viens Seigneur Jésus ! Que la grâce du Seigneur Jésus soit avec tous !* »[3]. Et à la page précédente, nous trouvons ceci : « *Je vis descendre du ciel, d'auprès de Dieu, la ville sainte, la Jérusalem nouvelle (…) J'entendis (…) une voix forte qui disait : la demeure de Dieu est avec les humains ! Il aura sa demeure avec*

1 Genèse 1.1ss
2 Genèse 3.8ss
3 Apocalypse 22.20ss

eux »[4]. Les deux dernières pages de la Bible nous disent : Jésus vient, Dieu vient.

Les premières et les dernières pages de la Bible évoquent donc Dieu en lien avec un tournoiement, une promenade, une descente, une venue. Rien d'immobile. En fait, d'un bout à l'autre des Écritures, Dieu est sans cesse évoqué comme un Dieu qui marche, qui vient et qui revient, qui se déplace, qui change, qui évolue, qui est en mouvement. Le Dieu vivant est un Dieu mobile.

Selon le Premier Testament

Car ce ne sont pas seulement les manifestations de Dieu, ni seulement les messagers de Dieu qui se déplacent, c'est Dieu lui-même. Dieu lui-même vient fermer la porte de l'arche de Noé ; Dieu lui-même vient voir ce qui se passe à Babel ; Dieu lui-même vient visiter Abraham et Sarah pour leur annoncer la naissance d'un fils[5]. Dieu lui-même vient passer devant les plus grands des prophètes, Moïse et Elie ; eux sont immobiles, au mont Sinaï, au mont Horeb, mais pour eux Dieu se déplace, Dieu vient, Dieu passe[6]. Lorsque Dieu passe devant Moïse, celui-ci lui dit d'ailleurs : « *Seigneur, je t'en prie, daigne marcher avec nous* ». Et en effet, Dieu n'est pas seulement un promeneur du soir dans le jardin d'Éden, ni seulement un Dieu qui descend, ni seulement un Dieu qui passe, il est un Dieu qui marche.

4 Apocalypse 21.2ss
5 Respectivement : Genèse 7.16 ; 11.5 ; 18.1ss.
6 Exode 34.5-7 et 1 Rois 19.11-13.

Lors de la sortie d'Égypte, Dieu marche avec son peuple, à sa tête[7]. Puis il accompagne Israël en exil à Babylone[8]. Puis il marche devant Cyrus, le roi de Perse, et devant le peuple d'Israël pour ramener son peuple de cet exil babylonien[9]. Dieu sort[10] ; Dieu vient, pour juger et pour sauver[11] ; Dieu entraîne à l'écart[12]. Et l'expression qui signifie par excellence ce caractère mobile de Dieu, c'est la métaphore du berger : Dieu est un berger. Le Dieu vivant est le berger d'Israël, dit par exemple le livre de la Genèse[13] ; « *le Seigneur est mon berger* » chante le psalmiste[14] : il est celui qui va là où est son troupeau et qui le conduit aussi bien dans ses dangers et ses détresses que vers des oasis de paix.

Dieu n'est pas mobile seulement géographiquement, il est aussi mobile dans le temps. Il se rappelle le passé et cela le met en mouvement, comme par exemple lorsqu'il se souvient d'Abraham, Isaac et Jacob et que ce souvenir le conduit au projet de libérer son peuple d'Égypte[15]. Il prépare un avenir, il le promet et pour cela il conclut une alliance. Ce motif de l'alliance est d'ailleurs l'un des lieux les plus significatifs de la mobilité de Dieu. Car en faisant alliance, selon les cas avec un homme et sa descendance, ou un peuple, ou un roi, voire avec tous les

7 Exode 40.34-38

8 Ézéchiel chapitres 1, 10, 11 et 43, dans lesquels l'auteur utilise la périphrase « la gloire du Seigneur ».

9 Ésaïe 45.1ss ; 40.3

10 Ésaïe 42.13

11 Psaume 96.13 *passim* ; Ésaïe 35.4 *passim*.

12 Osée 2.16

13 Genèse 48.15

14 Genèse 49.24 ; Psaume 23.2ss. Voir aussi, notamment : Ésaïe 40.11 ; Jérémie 31.10 ; Ézéchiel 34.10ss. ; Osée 4.16 ; Osée 4.16 ; Psaume 80.2.

15 Exode 2.24 – 3.10

peuples[16], Dieu se dégage de toute autarcie : il se déplace de lui-même, il vient au-devant, il s'engage.

Et Dieu n'est pas seulement mobile dans l'espace ou dans le temps, selon les Écritures, il est aussi mobile dans ce que l'on pourrait appeler ses pensées, et c'est encore beaucoup plus troublant. Loin d'être immuable, il arrive à Dieu de changer d'avis, du tout au tout, et donc de projet. Le livre de la Genèse nous raconte que Dieu regrette d'avoir fait les humains et, annulant ce qu'il avait accompli précédemment, il décide de les effacer. Il y a d'ailleurs un changement dans ce changement, car Noé trouve grâce à ses yeux et c'est comme une sorte de repentir à l'intérieur même du regret de Dieu[17]. Un peu plus loin, Dieu décide d'anéantir Sodome et Gomorrhe, mais Abraham entreprend de le faire changer d'avis, au cas où il y aurait quelques justes dans ces villes et, à six reprises, Dieu accepte de revoir sa sentence dans ce cas[18]. Ou bien encore, le livre de Jonas nous raconte que Dieu renonce à une décision qu'il avait prise, surpris qu'il est du changement de comportement imprévu auquel il assiste[19].

Dieu est mobile dans l'espace, dans le temps, dans son engagement, dans ses pensées et ses décisions. Plus encore : ce n'est pas seulement dans ce qu'il *fait* que Dieu est mobile. Dieu est mobile dans ce qu'il *est*.

Certaines de nos traductions de la Bible disent de Dieu qu'il est « *l'Éternel* ». Ce qualificatif est une tentative

16 Voir, notamment, avec Abram : Genèse 15 ; avec Israël : Exode 19 ou Ésaïe 55.3 ; avec David : 2 Samuel 7 ; avec tous les peuples : Ésaïe 56.

17 Genèse 6.6,8

18 Genèse 18.16-33

19 Jonas 3.10

de traduction du nom de Dieu tel que celui-ci le révèle à Moïse dans l'épisode du buisson ardent. D'un côté, c'est un choix de traduction intéressant, car il souligne que Dieu est celui qui est, bien au-delà de ce que nous pouvons en connaître et en appréhender. Mais c'est aussi un choix qu'on doit interroger, car s'il nous conduit à penser que Dieu est éternel au sens d'immuable et d'impassible, alors c'est très exactement le contraire de ce que dit le texte biblique.

« *Moïse dit à Dieu : supposons que j'aille vers les Israélites et que je leur dise 'Le Dieu de vos pères m'a envoyé vers vous'. S'ils me demandent quel est son nom, que leur répondrai-je ? Dieu dit à Moïse : je suis qui je serai. Et il ajouta : c'est ainsi que tu répondras aux israélites : 'Je serai' m'a envoyé vers vous* »[20]. La réponse que Dieu fait à la question de Moïse n'en finit pas d'être étonnante. Elle l'est au moins triplement.

D'abord, le nom que Dieu donne est un verbe. Or, « un verbe se réfère à un événement, une action ou un état qui se situe dans le temps, contrairement au nom, qui se réfère à une chose ou une caractéristique »[21]. Et donc ce qui est caractéristique de Dieu tel qu'il se fait connaître, c'est qu'il est événement, action, et non pas état, immuable ou hors du temps.

Ensuite, le verbe employé, le verbe *être* donc, n'est pas ici un verbe qui signifierait l'être au sens métaphysique, l'être-en-soi ; il signifie bien plus l'être-avec. Ce n'est

---

20 Exode 3.13ss

21 Arian VERHEIJ, *Grammaire élémentaire de l'hébreu biblique*, Genève, Labor et Fides, 2007, p. 55.

pas un verbe ontologique, c'est un verbe de relation : Dieu se fait connaître non pas en soi mais en lien, en interdépendance, en relation.

Enfin, ce verbe être-avec est utilisé de manière surprenante. La langue hébraïque ne connaît pas la conjugaison au passé, au présent et futur, comme la langue française par exemple. En hébreu, les verbes ont deux formes principales : l'accompli et l'inaccompli ; pour dire vite, l'accompli évoque une action terminée, ou encore instantanée ou unique, et l'inaccompli, une action inachevée, ou encore prolongée ou répétée. Or, le verbe être-avec, utilisé pour dire le nom de Dieu est ici à la forme inaccomplie, qui suggère donc un inachèvement, un déploiement, une évolution.

Quel est le nom propre de Dieu ? « *Je suis qui je serai* », ou encore « *Je serai qui je serai* », répond Dieu à Moïse, selon le livre de l'Exode. En somme, dans cette petite phrase énigmatique, il est dit au lecteur que Dieu ne se situe pas du côté de l'être-en-soi immuable mais de l'événement, de la relation et de l'évolution. Dieu ne se donne pas à percevoir du côté du concept, de l'intemporel, de l'éternel, mais il se donne à rencontrer, dans l'histoire, la contingence, la singularité. Son nom ne fixe, ni ne fige, mais il ouvre au contraire sur un itinéraire dont l'horizon est une promesse. Le nom de Dieu est mobilité.

Selon le Nouveau Testament

On peut certes dire que Dieu est de toute éternité, depuis toujours et à jamais, mais il se fait connaître en sortant de lui-même pour aller au-devant des humains.

C'est également ce que signifie cette affirmation biblique selon laquelle non seulement Dieu parle, ce qui relève banalement de la communication, mais encore que Dieu est parole[22] – et cela nous dit quelque chose de ce qu'il est pour nous. Communiquer c'est transmettre quelque chose, mais parler c'est bien plus : c'est rendre présent quelqu'un à quelqu'un d'autre. Et c'est cela que Jésus de Nazareth manifeste en chair et en os. Jésus, le Christ annoncé, manifesté, crucifié, ressuscité, confessé, Jésus est la Parole de Dieu, devenue audible, visible, palpable, intelligible, venue dans l'histoire des hommes nous dit l'évangile selon Jean[23]. Jésus est la présence de Dieu au beau milieu de l'humanité. Dès lors, la mobilité de Dieu, que l'on percevait déjà dans l'Ancien Testament comme nous venons de le voir, prend une intensité encore tout autre.

Les évangiles nous montrent Jésus sans cesse en marche, en mouvement, en déplacement, « en chemin » selon l'expression évangélique la plus typique et la plus fréquente. Il dit de lui-même qu'il n'a pas de lieu où reposer sa tête[24]. Il appelle ses disciples à se mettre à sa suite[25], sur le chemin, des disciples dont il dit qu'il les précèdera à nouveau, après sa résurrection[26]. On peut encore relever qu'avant même sa naissance il était déjà en déplacement[27], que juste après celle-ci ses parents s'enfuient en catastrophe pour le cacher[28], qu'il quitte ses disciples par une

22 Jean 1.1
23 Jean 1.1-18
24 Luc 9.58
25 Marc 1.16-20
26 Marc 14.28 ; 16.7
27 Luc 2.4ss
28 Matthieu 2.13-21

élévation qui annonce un retour[29], ou que ses paraboles l'évoquent comme un semeur qui sort[30], un Samaritain qui passe[31], une porte, un berger[32]. Ce sont, toutes, des figures de la mobilité. D'ailleurs, il le dit lui-même : il n'est pas seulement en chemin ou sur le chemin, il est lui-même le chemin[33]. Jamais il ne se laisse fixer, assigner à un lieu, à un statut, à une parole. Jamais il ne se laisse enfermer, pas même dans l'adoration de ses disciples[34], pas même dans un tombeau.

Par ses incessants déplacements, Jésus manifeste un Dieu déplacé. Il vient comme un nouveau-né, accouché au ras du sol et à l'écart, reconnu par des impurs et des païens[35]. Il meurt comme un paria, à l'extérieur de la ville, sur un instrument de torture dont la signification alors était que celui qui mourait-là était maudit par Dieu[36]. Il est à côté, il est déplacé et j'entends aussi cette expression comme lorsque l'on dit qu'un propos est déplacé, qu'une attitude est déplacée. D'ailleurs, Jésus est condamné pour blasphème[37], c'est-à-dire précisément un propos qui ne devrait pas être tenu, une parole sacrilège. Et il est, lui, cette Parole de Dieu venue dans le monde !

C'est le cœur de la toute première proclamation chrétienne, celle dont l'apôtre Paul nous livre les plus

---

29 Actes 1.11
30 Marc 4.1ss
31 Luc 10.25-37
32 Jean 10.7,11
33 Jean 14.6
34 Marc 9.2-10
35 Matthieu 2.1-12 ; Luc 2.8-20
36 Galates 3.13 ; Deutéronome 21.23
37 Marc 14.63ss et parallèles.

anciens témoignages écrits : en Jésus, le Christ, Dieu est manifesté comme le Dieu déplacé. Il quitte la sagesse pour choisir la folie[38]. Il renonce à la puissance pour plonger dans la faiblesse[39]. Il fait le choix du scandale[40]. Il fait ce choix en Jésus, dont le nom signifie *Dieu sauve* et ce nom même dit le mouvement, la dynamique de Dieu. Dieu fait ce choix en Jésus, celui que l'évangéliste Matthieu, à la suite du Premier testament, qualifie d'Emmanuel, ce qui signifie *Dieu-avec-nous*[41], et ce surnom, là encore, dit le choix de Dieu qui se déplace et qui rejoint.

Le Seigneur de la danse

Il y a quelque chose de presque lassant à relever dans la Bible les innombrables expressions de la mobilité de Dieu. Et c'est pourquoi j'arrête ici une accumulation qui pourrait encore longtemps se poursuivre. Mais il faut y insister : cette mobilité de Dieu dont parlent les Écritures n'est pas anecdotique. Elle ne se manifeste pas de loin en loin, ni seulement lorsque Dieu agit ou intervient au gré des circonstances. C'est bien plutôt l'inverse : c'est parce que Dieu est mouvement, parce qu'il est mobilité et dynamisme[42], qu'il agit et intervient, qu'il s'avance et se déplace. Bien sûr, nous ne savons rien de Dieu en lui-même. Les secrets intérieurs de Dieu – si je puis dire et si tant est

38 1 Corinthiens 1.21-29

39 Philippiens 2.6-11

40 Romains 9.33 ; 1 Corinthiens 1.23 ; Galates 5.11 ; 1 Pierre 2.8

41 Matthieu 1.18-25

42 Le verbe *dunamai* ou le substantif *dunamis* sont très fréquents dans le Nouveau Testament pour évoquer la capacité d'agir, la puissance de Dieu, de Jésus dans ses « miracles » (souvent qualifiés de *dunamis*) et même de l'Esprit (1 Corinthiens 12.3 par exemple).

que cette expression ait un sens – nous sont inaccessibles et impensables. Mais dans ce qu'il fait connaître de lui-même aux êtres humains, et dont les Écritures bibliques sont le témoignage, Dieu est constitutivement en mouvement. C'est ce que la tradition chrétienne tente d'exprimer en parlant de trinité[43].

Penser Dieu comme trinité n'est pas seulement un accident de l'histoire, même si ça l'est aussi : on sait que dans les périodes de l'Antiquité tardive où cette idée a été développée, les influences réciproques entre religieux et politique étaient incessantes, les arrière-pensées de pouvoir coloraient les débats théologiques. D'une certaine manière, il n'y a pas plus politique que la trinité ! Penser Dieu comme trinité n'est pas non plus une spéculation délirante, même si ça l'a parfois été, car certains religieux et théologiens ne résistent pas à la tentation de fantasmer sur l'intime de la divinité. D'une certaine manière, il n'y a pas plus risqué que la trinité ! Mais avec toutes ses lourdeurs et ses imperfections, penser Dieu comme trinité me semble être avant tout une évocation de sa mobilité.

---

43 On se gardera bien de donner des indications bibliographiques spécifiques, dans une littérature immense ! Toute *Histoire de l'Église* présentera, de manière plus ou moins développée, parfois avec des tendances apologétiques, parfois au contraire avec un sens aigu, voire anachronique, de la critique, les étapes de cette élaboration, dont les 4e et 5e siècles constituent la période centrale. À titre de suggestion pour élargir la réflexion, on se contentera de mentionner deux ouvrages : « en amont » de l'élaboration trinitaire, la belle et courte méditation biblique de Michel BOUTTIER, « L'expérience du Père. L'expérience du Fils. L'expérience du Saint-Esprit. Jalons à partir du Nouveau Testament », *Visages de l'Évangile*, Genève, Labor et Fides, 1993 ; « en aval » de cette élaboration, l'ample réflexion sur la fécondité contemporaine de l'idée trinitaire, bien au-delà du seul champ théologique, par Dany-Robert DUFOUR, *Les mystères de la trinité*, Paris, Gallimard, 1990.

On le sait, la Bible, tout particulièrement le Nouveau Testament, parle de Dieu comme Père : c'est par exemple l'expression que Jésus emploie le plus volontiers[44]. Le Nouveau Testament parle de Dieu comme Fils : lors du récit dit de la transfiguration[45] ou dans la lettre de Paul aux Philippiens[46], par exemple. Et il parle de Dieu comme Esprit, par exemple dans le récit de la rencontre de Jésus avec la femme samaritaine[47]. Père, Fils et Esprit, le Nouveau Testament accole souvent ces termes deux à deux : il évoque le Père et le Fils, le Père et l'Esprit, le Fils et l'Esprit. Et à plusieurs reprises, il les mentionne tous les trois ensemble[48].

Il faut remarquer que chacun de ces mots désigne non pas quelque chose ou quelqu'un d'isolé, en soi, mais par définition un être en relation. Un père n'est pas père tout seul : il est père parce qu'il a un fils, une fille ; c'est son enfant qui le rend père. De même, bien sûr, pour un fils ou une fille. Et l'esprit, le souffle qui sans cesse circule, est ce qui exprime cette relation du père au fils et du fils au père.

C'est sans doute l'évangile selon Jean qui développe le plus cette réflexion. Dans les dialogues de Jésus avec ses disciples, cet évangéliste place des expressions tout-à-fait inédites, par exemple : « *Celui qui m'a vu a vu le Père* », « *moi et le Père, nous sommes un* »[49], ou bien encore « *je*

---

44 Luc 22.42 et parallèles, *passim*.

45 Marc 9.2-10 et parallèles.

46 Philippiens 2.6-11

47 Jean 4.24

48 Romains 1.1-7 ; Romains 8.14-17 ; 2 Corinthiens 13.13 ; Éphésiens 4.1-7 ; etc.

49 Jean 10.30

suis dans le Père et le Père est en moi »[50]. Cette manière d'utiliser le petit mot *en* – « le Père est *en* moi » – est originale. Une relation intime, par exemple d'un couple, de Dieu avec son Messie ou avec son peuple, se dit souvent dans la Bible avec les mots *avec*, *à*, *pour*. Mais ce *en* signifie une communion particulière, intense[51], qui dit l'impossibilité de penser isolément l'un ou l'autre, sans pour autant être fusionnelle – le fils ne disparaît pas dans le père ou au profit du père, et réciproquement.

Pour essayer d'exprimer ce lien si propre au Dieu Père, Fils et Esprit, certains théologiens chrétiens de l'Antiquité ont utilisé un verbe de la langue grecque qui signifie *danser en chœur* ou encore *danser en ronde*[52] avec une préposition qui signifie *tout autour de*[53]. Et c'est ce mot, ainsi forgé, qui est utilisé par la théologie chrétienne pour parler de la trinité. Ces théologiens ont donc eu l'audace étonnante de parler de Dieu comme d'un chœur de chœurs, d'une ronde de rondes, d'une danse à la puissance deux ou trois, ou nous pourrions encore dire : d'une danse en 3D.

Dieu est mouvement, dynamique, mobilité, autant que peut l'être une danse multidimensionnelle. Il est, comme l'ont repris des théologiens contemporains[54], le Seigneur de la danse.

---

50 Voir l'ensemble du chapitre 14 de l'évangile selon Jean.

51 Daniel BOURGUET, *Devenir disciple*, Lyon, Olivétan, 2006, pp. 96 s.

52 *Choreuô*, que l'on retrouve par exemple dans le mot : chorégraphie.

53 *Peri*. Le verbe grec ainsi forgé, *perichoreuô*, est transposé en français par le mot *périchorèse*.

54 Harvey G. COX, *The Feast of Fools*, Harvard University Press, 1969 (trad. *La fête des fous*, Paris, Seuil, 1971) ; Jürgen MOLTMANN, *Die ersten Freigelassenen der Schöpfung*, München, Kaiser Verlag, 1971 (trad. *Le Seigneur de la danse*, Paris, Cerf / Mame, 1972).

On le voit, l'affirmation selon laquelle Dieu est Père, Fils et Esprit, dans un incessant mouvement de communion, est d'abord, du moins à mes yeux, une affirmation théologique de nature poétique. Il ne s'agit pas d' « enclore »[55] Dieu dans un concept mais au contraire de suggérer, d'inspirer, d'ouvrir des dimensions supplémentaires. Pour autant, les conséquences de cette manière d'évoquer Dieu ne sont pas seulement allusives ou stimulantes. Elles sont considérables pour notre compréhension du monde, de l'être humain, de l'existence. Elles ont des effets intellectuels, éthiques, pratiques. Car elles induisent que Dieu est altérité : il n'a donc pas besoin d'une création qui serait le faire-valoir de sa divinité. Dieu est désir : l'être humain est son partenaire de parole, de relation. Cet être humain est fondamentalement relationnel, s'accomplissant dans la relation de communion avec Dieu et avec ses semblables. Il est un être de reconnaissance, appelé à reconnaître ses vis-à-vis, à être reconnu par eux et à lier cette double reconnaissance dans la gratitude[56].

Dieu immobile ? Dieu éternel, infini, parfait, immuable ? Tel est le cœur de nos représentations les plus courantes de Dieu. À l'exact opposé, les Écritures bibliques, de part en part, nous parlent d'un Seigneur qui s'avance, qui change, qui parle, d'un Dieu déplacé, d'un Dieu mobile. D'un Dieu qui est mobilité.

---

55 Selon le mot volontiers utilisé par Jean CALVIN pour contester toute tentative de réduire Dieu en un concept, un sacrement, etc. Par exemple : *Petit traité de la sainte cène*, in : *Œuvres*, Francis HIGMAN et Bernard ROUSSEL éd., Paris, Gallimard, 2009, p. 853.

56 Paul RICOEUR, *Parcours de la reconnaissance*, Paris, Stock, 2004.

Il nous reste alors à essayer de comprendre pourquoi. Pourquoi le Dieu vivant est-il si mobile ? Pourquoi fait-il si totalement, si intimement, si irrévocablement le choix de la mobilité ? Qu'est-ce qui le meut ? Quel est le mobile de la mobilité de Dieu ?

6

Le mobile de Dieu

Le refus de l'assignation religieuse de Dieu

Au détour du chemin, les tours de la cathédrale sont enfin apparues. Elles se dressent au loin et grossissent insensiblement, au rythme de la marche. Au milieu du petit groupe de marchands et d'artisans auquel il s'est joint pour se protéger des risques du voyage, le pèlerin médiéval ressent un mélange de joie et de crainte.

Joie d'accomplir son vœu, de parvenir bientôt à ce but. Joie de trouver là l'occasion de s'approcher non pas de Dieu – non, ce serait trop audacieux de le penser – mais de s'approcher au moins de ceux qui eux-mêmes en sont proches, le clergé, les moines. Joie d'accéder enfin à ce lieu : la cathédrale. Une sorte d'antichambre vers le ciel. Ce soir ou demain, ce pèlerin entrera dans cet immense et long vaisseau. Il achèvera ainsi sa pérégrination dans la nef puis dans le déambulatoire, autour du chœur. Ses yeux seront sans cesse portés, par les colonnes, les voûtes et les vitraux, vers le haut, conduits à s'élever, jusqu'au moment où l'on élèvera le saint sacrement, là-bas, au-dessus de l'autel. Et cette participation, par les yeux, à ce moment sacré sera l'un des moments les plus intenses de ce pèlerinage.

Mais ce pèlerin qui s'approche de son but ressent aussi, mêlée à cette joie, de la crainte, qui se renforcera encore tout à l'heure, il le sait. La grandeur de la cathédrale l'exalte, mais elle l'écrase aussi. Osera-t-il seulement lever les yeux ? Sa vie pécheresse, sa petitesse, son indignité, dont il a une si vive conscience, ne vont-elles pas l'accabler ? N'est-il pas en train de trop s'approcher de l'impensable majesté de Dieu ? Peut-être sa crainte se concentrera-t-elle sur un moment et un lieu précis : l'entrée dans le bâtiment lui-même. Car pour passer du parvis au narthex, il faudra franchir le porche. Et là, au-dessus du porche, il y a ce bas-relief qui représente le Christ. Le Christ en gloire, qui observe et qui trie. Le Christ en majesté, qui préside au jugement dernier.

Il siège en souverain, immobile sur son trône. Et tout autour de cette image centrale et fixe, qui focalise l'attention, se déploie une sorte de récit en sculptures. Les yeux vont d'une scène à l'autre et déchiffrent le scenario du jugement. De la main droite, le Christ désigne le ciel aux brebis bénies de son père ; de sa main gauche, il désigne aux boucs, aux maudits, les lieux infernaux où s'agitent déjà des diables. C'est le récit des humains soumis au jugement, le récit de l'humanité au moment décisif, le récit de chacun des pèlerins qui passe ce porche, en se demandant : de quel côté serai-je ?

Cette représentation monumentale du jugement dernier orne la plupart des cathédrales, sur leur portail central ou un portail latéral, et beaucoup d'églises. Elle a marqué le Moyen-Âge dans sa globalité[1], installant et approfondissant au fil des siècles cette idée d'une justice de Dieu bornée d'un côté par la miséricorde et de l'autre par la sévérité, mais toujours centrée sur la rétribution et donc sur la peur. Cette peur a suscité ou infléchi une bonne part de l'expression religieuse chrétienne d'Occident, avec son cortège d'œuvres pieuses et de messes répétitives, de pèlerinages et de mortifications jamais suffisantes, et cette inquiétude du nécessaire perfectionnement, de la progression dans la hiérarchie de la sainteté. Car la grande question devant ce juge divin, aux exigences inatteignables mais à la compassion toujours possible, est donc : comment obtiendrai-je de Dieu qu'il me soit favorable ? « *Wie kriege ich einen gnädigen Gott ?* » C'est ainsi que le moine Martin Luther formule, dans sa langue, cette question, dont il hérite en homme de la fin du Moyen-Âge et qu'il porte en lui-même comme une angoisse intime.

C'est là le cœur même de toute démarche proprement religieuse : obtenir la faveur de Dieu. Et l'enjeu de ce drame se noue autour du verbe *obtenir* bien sûr : comment obtenir ? La religion a pour but d'identifier les voies d'accès à Dieu, de les codifier, de les garantir. Elle établit et décline les conditions, sans doute exigeantes mais au moins répertoriées et praticables, qui permettront cet accès : les dispositions intérieures à cultiver, les doctrines auxquelles adhérer, les formules à réciter, les comportements à éviter

1 François BOESPFLUG, *Dieu et ses images. Une histoire de l'Éternel dans l'art*, Paris, Bayard, 2008, pp. 164 ss.

et ceux auxquels s'adonner. La religion apporte ses secours, comme on dit, et ses lumières pour guider le fidèle. Obtenir la faveur de Dieu, c'est la raison d'être de tout système religieux.

Au tournant du bas Moyen Âge et de la Renaissance, c'est-à-dire à l'époque de Luther et de la première génération de la Réforme, ce mode de relation religieux avec Dieu connaît une sorte de paroxysme, avec la pratique des indulgences. Les indulgences sont l'aboutissement, à la fois rationnel et aberrant, de cette logique fondée sur le donnant-donnant entre le fidèle et Dieu : je te donne mes réparations, tu me donnes une réduction de peine. Plus largement, je te donne ma repentance, tu me donnes ton absolution. Je te donne mes sacrifices, tu me donnes ta paix. Je te donne mes bonnes œuvres, tu me donnes ton salut. Et tout cela avec un lien de cause à effet. Autrement dit : par mes pratiques, par ma piété, par ma morale, par ma fidélité à l'héritage des pères et des martyrs, par mes dispositions intérieures, j'entre en négociation avec Dieu.

Les indulgences sont le produit le plus sophistiqué d'une ingénierie religieuse, diversifiable à l'infini, mais dont l'objectif est toujours le même : faire commerce avec Dieu. Gardons-nous de penser que ce type de relation serait réservé à une époque, la fin du Moyen-Âge, à une pratique, l'acquisition des indulgences, à une confession, l'Église catholique romaine. Sous des visages divers et parfois très subtils, elle existe dans toutes les religions et toutes les confessions chrétiennes. Il s'agit de rendre Dieu prévisible, au terme de procédures auxquels il est censé se soumettre et qui garantissent le lien avec lui. Et donc d'assigner Dieu à une résidence à laquelle on puisse avoir accès, de le fixer dans un lieu où l'on soit sûr de le trouver : tabernacle, temple, hostie, lettre de la Bible, doctrine, morale, expérience, phénomène…

En s'attaquant au système des indulgences, Luther dénonce cette logique du donnant-donnant qui le sous-tend. Et dans l'œuvre des Réformateurs, cette critique s'étend très vite aux autres piliers de ce qu'il faut bien appeler le système religieux de la chrétienté. Non, disent-ils, il n'y a pas de hiérarchie au sein de la communauté chrétienne, avec le peuple tout en bas, le clergé au-dessus, et au-dessus encore celles et ceux qui prononcent les vœux monastiques. Non, les œuvres pieuses n'ont aucune valeur quant au salut. Non, Dieu n'est pas un mélange de comptable et de juge qu'il faudrait amadouer. Ce qu'opère la Réforme, au fond, c'est une dévalorisation essentielle de la démarche religieuse en elle-même et donc une dénonciation de toutes les servitudes qui en étaient issues.

C'est pourquoi, par exemple, il est devenu banal de dire que la Réforme a joué un rôle capital dans l'avènement de la liberté de conscience, jusque dans ses conséquences au plan des libertés sociales et politiques[2]. Mais on méconnaît trop souvent que c'est d'abord sur le plan de la liberté reconnue *à Dieu* que la Réforme jaillissante opère un renversement. Ce renversement peut être résumé

2 Voir notamment les appréciations d'Edgar QUINET dans *Le christianisme et la Révolution française* (1845), Jules MICHELET dans son *Histoire de la Révolution française* (1847-1853), Jules FERRY dans son discours à l'occasion de l'inauguration de la Faculté de théologie protestante de Paris (1879), Jean JAURÈS dans sa thèse consacrée aux premiers linéaments du socialisme allemand chez Luther, Kant, Fichte et Hegel (1891), etc. Mais voir aussi la remarquable étude critique, qui « complexifie » la question, de Valentine ZUBER, *L'origine religieuse des droits de l'homme*, Genève, Labor et Fides, 2017.

dans une formulation très simple, mais très radicale : Dieu est souverainement libre. En aucune manière, l'agir de Dieu n'est conditionné, ni de près, ni de loin, par l'agir humain[3]. L'affirmation de la souveraine liberté de Dieu réduit à néant tout espoir d'*obtenir* quelque chose de lui. Obtenir au sens d'attendre un effet en retour d'une initiative de notre part, d'escompter une contrepartie.

C'est bien pourquoi, par exemple, Luther à la suite de Paul parle volontiers de Dieu qui se révèle comme d'un Dieu qui se cache, dont la force se révèle dans la faiblesse, la gloire dans la croix, la sagesse dans la folie. Un Dieu qui toujours nous échappe. Ou bien encore c'est pourquoi Calvin insiste sur le fait que rien ne peut jamais « enclore »[4] Dieu.

C'est ce que l'on résume sous le mot : *grâce*. Si le Dieu vivant est bien un Dieu de grâce, et c'est là une affirmation constante de l'ensemble de la Réforme, alors il n'est *lié* par aucune causalité. Ce que nous faisons et ce que Dieu fait ne relèvent en aucun cas ni de la compétition, ni de la collaboration, ni du lien de cause à effet. La relation avec Dieu est gracieuse, gratuite, radicalement hors commerce.

Cette relation avec Dieu se nomme la foi. Et qu'elle soit absolument gratuite, c'est-à-dire qu'elle ne donne droit à rien, qu'elle ne permette pas d'exiger quoi que ce soit de lui, n'empêche nullement qu'elle nous ouvre à un abandon dans lequel nous attendons tout de Dieu. Ne

---

3 Rowan WILLIAMS, « L'héritage de la Réforme », *in* : P.BOSSE-HUBER, S. FORNEROD, T. GUNDLACH et G. LOCHER, *Célébrer Luther ou la Réforme ?*, Genève, Labor et Fides, 2014, pp. 53 ss.

4 Jean CALVIN, *ibid.*

rien chercher à *obtenir* de lui, mais tout *attendre* de Dieu. La foi est une relation pour rien et qui transforme tout.

La parabole d'un Dieu scandaleux

Jésus n'a cessé de manifester cette souveraine liberté de Dieu, qui n'est assigné à aucune résidence et lié par aucune contrainte religieuse. Il l'a fait en guérissant le jour du sabbat, en pardonnant les péchés, en s'attachant aux enfants, en se plaçant au-dessus de Moïse, en fréquentant les impurs, en s'invitant chez les réprouvés… Il l'a fait encore, avec quel éclat scandaleux et même blasphématoire, le jour où il a chassé les marchands du Temple de Jérusalem, rendant précisément impossible cette logique du donnant-donnant avec son Père.

Mais Jésus a exprimé cette liberté de manière peut-être plus frappante et plus scandaleuse encore par l'une de ses paraboles les plus célèbres. La liberté de Dieu s'y manifeste sous les traits d'une étonnante mobilité.

> *« Tous les collecteurs des taxes et les pécheurs s›approchaient de [Jésus] pour l›entendre.*
>
> *Les pharisiens et les scribes maugréaient : 'Il accueille des pécheurs et il mange avec eux !' Mais il leur dit cette parabole :*
>
> *'Lequel d'entre vous, s'il a cent moutons et qu'il en perde un, ne laisse les quatre-vingt-dix-neuf autres dans le désert pour aller après celui qui est perdu, jusqu'à ce qu'il le retrouve ? Lorsqu'il l'a retrouvé, il le met sur ses épaules, tout joyeux, et, de retour chez lui, il appelle ses amis et ses voisins pour leur*

dire : 'Réjouissez-vous avec moi, car j'ai retrouvé mon mouton, qui était perdu !'

De même, je vous le dis, il y aura plus de joie dans le ciel pour un seul pécheur qui change radicalement que pour quatre-vingt-dix-neuf justes qui n'ont pas besoin d'un changement radical.' »

C'est là la parabole du mouton perdu et retrouvé dans la version qu'en donne l'évangéliste Luc[5]. Elle est sensiblement différente de la version, plus connue, qu'en donne l'évangéliste Matthieu[6]. Elle est plus radicale aussi, une radicalité d'autant plus remarquable que Luc a composé, avec le plus grand soin, un chapitre entier avec trois paraboles sur ce thème du perdu-et-retrouvé. Chaque mot est donc choisi, chaque formule pèse.

Le contexte narratif de ces trois paraboles, et notamment de la première d'entre elles, est capital. Jésus est en présence de collecteurs d'impôts et de pécheurs. Il y a également là des pharisiens et des scribes, sincèrement choqués : à mi-voix, ils reprochent à Jésus de se tenir en compagnie de cet auditoire méprisable, et même de manger avec lui.

À l'époque et dans ce cadre, cette question de nourriture et de pureté est très importante. Car peut-on entrer en contact avec des impurs quand on veut être fidèle au Dieu saint ? Ces collecteurs d'impôts et ces pécheurs sont des gens impurs. La loi religieuse en interdit la fréquentation, non pas par ostracisme a priori, mais pour protéger ceux qui veulent être fidèles au Dieu vivant : elle cherche

5 Luc 15.1-7
6 Matthieu 18.12-14

à les préserver de tout contact impur qui du même coup rendrait impossible le contact avec Dieu.

Or, c'est justement là un souci prioritaire des pharisiens et des scribes. Les scribes ont une autorité considérable : ils sont les interprètes de la Loi religieuse, ils jugent des cas difficiles, ils en contrôlent la jurisprudence. Les pharisiens sont les applicateurs les plus zélés de la Loi, non pas par étroitesse d'esprit mais justement pour qu'elle soit toujours vivante et pertinente dans toutes les circonstances de la vie.

Et c'est pour eux, nous raconte l'évangéliste Luc, c'est pour ces autorités religieuses-là, qui cherchent à baliser toujours plus finement les conditions du maintien du contact avec Dieu, que Jésus raconte cette parabole du mouton. En commençant par ces mots : « *Lequel d'entre vous s'il a cent moutons et qu'il en perde un, ne laisse les quatre-vingt-dix-neuf autres dans le désert…* ».

« *Lequel d'entre vous* » : pour les pharisiens et les scribes, c'est une gifle. Le métier de berger était méprisable, tellement méprisable qu'il était interdit par la loi religieuse à ceux qui voulaient rester purs. Un traité rabbinique de l'époque[7] donne incidemment une liste des métiers les plus méprisables ; par ordre décroissant, on trouve : joueur de dés, usurier, organisateur de concours de pigeons, marchands de produits de l'année de jachère, berger, collecteur d'impôts. Être berger était plus méprisable qu'être l'un de ces collecteurs d'impôts avec lesquels Jésus mange. Et c'est à des pharisiens et des scribes que

7 *Sanhedrin.*

Jésus dit : « *Lequel d'entre vous...* » ! Un autre texte rabbinique[8] dit qu'il n'y a pas d'occupation plus méprisable que celle de berger ; celui qui l'exerçait ne pouvait par exemple ni porter témoignage, ni juger. Et c'est à des juges selon la Loi religieuse que Jésus dit : « *Lequel d'entre vous...* » ! C'est plus que de l'ironie, c'est de l'injure.

Pourtant, nous ne sommes pas encore au bout des extravagances de Jésus. Car il met en scène un berger qui abandonne quatre-vingt-dix-neuf pour cent de son troupeau. Quatre-vingt-dix-neuf pour cent, ce n'est pas sérieux... Et où les laisse-t-il, ces quatre-vingt-dix-neuf pour cent ? Il ne les place pas dans un enclos où ils seraient à l'abri pendant ses recherches, il ne les conduit pas même dans un pâturage tranquille : il les laisse dans le désert, le lieu de la solitude, de la tentation, des démons, des brigands[9]. Et comment les laisse-t-il ? Il les y abandonne[10], il les laisse tomber, il les laisse croupir. Le berger de la parabole de Jésus est un berger qui, pour aller chercher l'unique, déserte son troupeau.

Et les extravagances de la parabole se poursuivent. Car une fois que le berger a retrouvé son mouton perdu, il ne se réjouit pas en poussant simplement un gros soupir de soulagement. Non ! Il organise une grande fête avec tous ses voisins, avec tous ses amis. Une telle fête quand on a sauvé sa propre vie, d'accord ; une telle fête quand on a sauvé quatre-vingt-dix-neuf pour cent de son troupeau, je

8 Midrash Tehillim du Psaume 23, cité par Philippe de ROBERT, *Le berger d'Israël*, Neuchâtel, Delachaux et Niestlé, 1968, p. 95.

9 *Erèmos* sous la plume de Luc : Luc 1.80 ; 4.1,42 ; 8.29 ; Actes des apôtres 21.38 ; etc.

10 *Kataleipô* sous la plume de Luc : Luc 5.28 ; 10.40 ; Actes des apôtres 2.31 ; 6.2 ; 24.27 ; etc.

veux bien ; mais pour un seul de ses moutons ? Si je peux me permettre : ça coûtera beaucoup plus cher que le mouton qui a été retrouvé.

Enfin, l'extravagance qui clôt la parabole fait écho à celle qui l'ouvrait. Car au début, Jésus faisait une hypothèse injurieuse pour son auditoire religieux – « *Lequel d'entre vous…* » – et en terminant, il fait une hypothèse injurieuse pour Dieu. Jésus dit qu'il y aura plus de joie dans le ciel pour un seul pécheur repentant que pour quatre-vingt-dix-neuf justes qui n'ont pas besoin de conversion. Mais c'est une proportion proprement délirante ! Le juste, c'est celui qui vit en tout selon la volonté de Dieu. À tel point que le Psaume 143, par exemple, un psaume que ses auditeurs spécialistes de la Loi connaissent parfaitement bien, un psaume que Paul cite plusieurs fois dans ses lettres, ce psaume supplie Dieu en disant : « *N'entre pas en jugement avec moi, ton serviteur, car aucun vivant ne peut être juste devant toi* »[11]. Aucun vivant. Ce n'est pas même un pour cent, c'est zéro pour cent. Et Jésus se place dans la perspective où il y aurait un pécheur pour quatre-vingt-dix-neuf justes !

D'un bout à l'autre de cette parabole et jusque dans ses détails, comme d'ailleurs dans les paraboles qui la suivent, Jésus évoque un Dieu extravagant. C'est-à-dire un Dieu imprévisible. Un Dieu qui fait autre chose et même le contraire de ce qu'on attendrait. Un Dieu dont les choix sont déraisonnables. Devant ces pharisiens et ces scribes, si attentifs aux conditions d'accès à Dieu et qui désapprouvent les actes de Jésus, Jésus parle d'un Dieu étranger à toutes leurs représentations religieuses.

11 Psaume 143.2

Ce Dieu-là, que Jésus met en scène dans sa parabole, c'est le Dieu mobile. Son unique souci, c'est ce mouton perdu, perdu à en être détruit, perdu à en mourir[12]. Et c'est pour lui qu'il devient mobile. Il va et il vient, il marche et il cherche, il arpente et il fouille, « *jusqu'à ce qu'il le trouve* ». Dans sa version de la parabole, l'évangéliste Matthieu parle d'un homme beaucoup plus raisonnable à tous égards, qui cherche son mouton et, « *s'il le trouve* », qui se réjouit : c'est une joie conditionnelle, ça peut ne pas arriver. Mais selon Luc, c'est « *jusqu'à ce qu'il le trouve* ». Dieu tel que la parabole le suggère, c'est un Dieu qui quitte tout pour marcher, et qui n'aura de cesse de marcher et de chercher jusqu'à ce qu'il ait trouvé. C'est un Dieu mobile, mis en route par ce désir de retrouver son unique mouton perdu. C'est un Dieu mobile et ce qui le meut, c'est la passion de retrouver et de célébrer ces retrouvailles dans la joie partagée. À trois reprises, la joie est mentionnée dans les quelques lignes de cette parabole.

Le Dieu dont parle Jésus est un Dieu mobile, dont le mobile est la joie, oui la joie : la joie de la rencontre.

La joie de la rencontre

Tout au long de ce Carême, nous avons évoqué nos mobilités contemporaines. Elles sont géographiques, temporelles, culturelles, existentielles même. La mobilité n'est certes pas une nouveauté ; elle est même probablement consubstantielle à l'être humain. Mais la mobilité est devenue un maître-mot. Elle marque, de manière toujours plus forte, des aspects toujours plus nombreux

---

12 *Apollumi* : perdre, faire périr, être arraché à.

de nos existences intimes et collectives. Longtemps, la mobilité fut un état temporaire, une phase transitoire entre deux situations de stabilité, professionnelle, sociale ou internationale par exemple ; c'est la mobilité comme moyen, si l'on peut dire. Aujourd'hui, la mobilité semble être devenue, en plus, une injonction : il est normal, positif et même nécessaire de rester mobile. La mobilité est censée être notre état de plus en plus permanent, dont on admet qu'il puisse faire place à des périodes de stabilité mais plutôt brièvement et de loin en loin. C'est la mobilité comme fin, pour elle-même.

Pourquoi ? Pourquoi sommes-nous de plus en plus mobiles, même si c'est sans but ? Que cherchons-nous dans cette mobilité dans laquelle nous baignons, que nous subissons et renforçons à la fois ? Quelle est notre quête, dans cette mobilité qui fait nos délices et nos détresses ?

Je crois que c'est de nous-mêmes que nous sommes en quête. Car si nous sommes toujours plus mobiles, c'est que la question de notre place ne reçoit plus de réponse évidente et satisfaisante : notre place sous le ciel et sur la terre, notre place dans l'histoire et la succession des générations, notre place à nos propres yeux et aux yeux des autres. Nous pouvons voir cette place comme le fruit d'un hasard, et c'est alors une destinée qui nous semble frappée du sceau de l'absurde, dont nous ne voulons plus. Nous pouvons à l'inverse considérer que notre place doit faire l'objet d'un choix, et choisir qui l'on est, être l'auteur de sa propre vie, est un défi grisant et épuisant. Nous bougeons parce que nous nous fuyons et parce que nous nous cherchons.

Le Dieu des Écritures bibliques, lui, n'est pas le Dieu des immobilités. Il n'est pas le Dieu des places assignées et immuables. Il est même tout le contraire, parcourant l'histoire et traversant les cultures, abaissant les grands et élevant les petits, délaissant les religieux et cherchant les païens. Dieu singulier, qui s'adresse à chacun, et Dieu universel, qui nous accueille tous.

Il est le Dieu qui refuse de se laisser capturer par les prétentions religieuses. Il est le Dieu qui se met sans cesse en chemin, sans cesse en quête. Il est le Dieu mobile, dont la mobilité n'est pas utilitaire, dictée par un but qui une fois atteint le laisserait en repos. Il est le Dieu mobile, mû par le désir de la rencontre et par la plénitude de joie partagée que fait naître cette rencontre. C'est là le mobile de sa mobilité.

Ainsi, devant ce Dieu vivant, nous nous découvrons comme des êtres de rencontre. Des êtres non pas de fuite éperdue, ni de quête épuisante. Mais des êtres que Dieu cherche jusqu'à ce qu'il nous trouve. Et quand il nous a trouvés, nous sommes chez nous, où que nous soyons, car nous sommes avec lui. Rencontrés par Dieu, nous sommes des êtres appelés à rencontrer à notre tour, dans cette promesse de fraternité que Dieu sème à tout vent, inlassablement.

Vivre, pour qui ?

Après quoi courons-nous ? Pour quoi sommes-nous vivants ? Pour quoi vivons-nous ? Sauf dans de très rares et exceptionnelles circonstances, cette question de toujours – « vivre, pour quoi ? » – ne reçoit pas de réponse qui nous satisfasse. Peut-être parce que, formulée ainsi, elle n'est pas placée de manière très juste. À la lumière du Dieu vivant, tel que Jésus-Christ nous le fait connaître, tel que les Écritures bibliques nous en parlent, à la lumière du Dieu vivant qui se mobilise pour nous rencontrer, la question « vivre, pour *quoi*? » devrait sans doute devenir « vivre, pour *qui*? ».

Lorsque je laisse de côté, ne serait-ce qu'un moment, la question « Pour quoi est-ce que je vis? » et que je me laisse saisir par la question « Pour qui est-ce que je vis? », c'est comme si une lumière venait rendre méconnaissable un paysage pourtant bien connu. Comme si l'air que je respirais était d'un coup renouvelé. Je passe du concept à la relation, de l'à-quoi-bon à la promesse, de l'inquiétude à la gratitude. Et du zapping à la rencontre, semence de joie partagée.

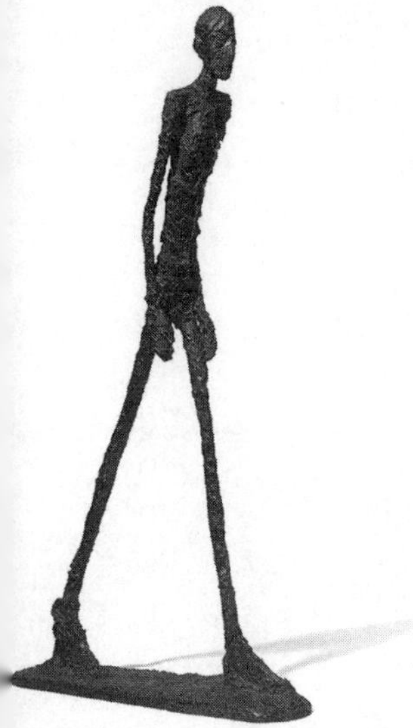

Index biblique

Genèse 1.1, 3-5
(Genèse 1.1ss) 25,68
Genèse 2.24 59
Genèse 3.8ss 68
Genèse 6.6,8 71
Genèse 6-9 29
Genèse 7.16 69
Genèse 11.5 69
Genèse 12.1 13
Genèse 12.1ss 59
Genèse 15 71
Genèse 17 60
Genèse 18.1ss 69
Genèse 18.16-33 71
Genèse 32.29 60
Genèse 48.15 70
Genèse 49.24 70
Genèse 50.3 29

Exode 2.24 – 3.10 70
Exode 3.1ss 59
Exode 3.13ss 72
Exode 19 71
Exode 20.11 30
Exode 24.18 29
Exode 31.13 30
Exode 34.5-7 69
Exode 34.21 30
Exode 34.28 29
Exode 40.34-38 70

Lévitique 11.45ss 61
Lévitique 19.1-3 30
Lévitique 23.3 30

Nombres 13.25 30

Deutéronome 2.7 29
Deutéronome 5.15 30
Deutéronome 8.1-6 61
Deutéronome 8.2 29
Deutéronome 21.23 75
Deutéronome 26.5 20

2 Samuel 7 71
2 Samuel 12.9 s. 28

1 Rois 19.8 29
1 Rois 19.11-13 69

Psaume 22.4 62
Psaume 23.2ss 70
Psaume 80.2 70
Psaume 96.13 70
Psaume 143.2 93

Qohéleth 1.5,9 28
Qohéleth 3.1-15 28

Ésaïe 6 59
Ésaïe 35.4 70
Ésaïe 40.3 70
Ésaïe 40.11 70
Ésaïe 42.13 70
Ésaïe 45.1ss 70
Ésaïe 55.3 71
Ésaïe 56 71

Jérémie 1 59
Jérémie 3.12 29
Jérémie 31.10 70

Ézéchiel 1 70
Ézéchiel 1-3 59
Ézéchiel 10 70
Ézéchiel 11 70
Ézéchiel 34.10ss 70
Ézéchiel 43 70

Osée 2.16 70
Osée 4.16 70

Amos 6.3-4,7 28
Amos 7.14 59

Jonas 1.1 59
Jonas 3.1 59
Jonas 3.4 29
Jonas 3.10 71

Matthieu 1.18-25 76
Matthieu 2.1-12 75
Matthieu 2.13-21 74
Matthieu 16.17ss 60
Matthieu 18.12-14 90
Matthieu 25.1-13 35

Marc 1.13 29
Marc 1.15 61
Marc 1.16-20 74

Marc 4.1ss.................... 75
Marc 9.2-10................. 75
Marc 14.28.................. 74
Marc 14.63ss................ 75
Marc 16.7.................... 74

Luc 1.80....................... 92
Luc 2.4ss...................... 74
Luc 2.8-20.................... 75
Luc 4.1,42.................... 92
Luc 5.28....................... 92
Luc 8.29....................... 42
Luc 9.58....................... 74
Luc 10.25-37................ 75
Luc 10.40..................... 92
Luc 15.1-7.................... 90
Luc 22.42..................... 78

Jean 1.1-18.................. 74
Jean 4.24...................... 78
Jean 10.7,11................. 75
Jean 10.30.................... 78
Jean 12.26.................... 62
Jean 14......................... 79
Jean 14.6...................... 75

Actes 1.3...................... 29
Actes 1.11.................... 75
Actes 2.31.................... 92
Actes 6.2...................... 92
Actes 8.26-39............... 38
Actes 13.9.................... 60
Actes 21.38.................. 92
Actes 24.27.................. 92

Romains 1.1-7.............. 78
Romains 8.14-17.......... 78
Romains 9.33............... 76

1 Corinthiens 1.21-29.... 76
1 Corinthiens 1.23....... 76

2 Corinthiens 4.16....... 62
2 Corinthiens 13.13..... 78

Galates 3.13................. 75
Galates 5.11................. 76

Éphésiens 4.1-7........... 78

Philippiens 2.6-11........ 76
Philippiens 3.4-9.......... 60
Philippiens 3.20........... 62

Hébreux 13.13............. 62

1 Pierre 2.8.................. 76

Apocalypse 21.2ss......... 69
Apocalypse 21.6........... 35
Apocalypse 22.1-5........ 35
Apocalypse 22.20ss....... 68

Références audio et vidéo

Diffusion

Le présent texte a d'abord été donné dans le cadre des conférences du Carême protestant 2018. Celles-ci ont été diffusées par France-Culture les dimanches 18 février, 25 février, 4 mars, 11 mars, 18 mars et 25 mars. Elles peuvent être réécoutées et podcastées sur www.franceculture.fr.

L'enregistrement radiodiffusé a été réalisé par le service radio de la Fédération protestante de France,
47 rue de Clichy 75009 PARIS
fpf-radio@federationprotestante.org

Plages musicales pendant les conférences

1 Johann-Sebastian BACH, BWV 244, choral
« Erkenne mich, mein Hütter »
(Nikolaus Harnoncourt, Concentus musicus Wien, *Matthäuspassion*, Teldec 1971, CD 1, plage 22)

2 Arvo PÄRT, *Spiegel im Spiegel*
(Arvo Pärt, *Alina*, ECM New Series, 1999, plage 3)

Arvo PÄRT, *Fratres*
(Arvo Pärt, *Fratres*, Naxos, 1995, plage 5)

3 Johann-Sebastian BACH, *Prélude* n° 15 en Sol majeur
(Bach, *Nun Komm, Der Heiden Heiland*, Edna Stern piano, Zig-zag Territoires, 2008, plage 4)

Johann-Sebastian BACH, *Prélude* n° 6 en Ré mineur
(Bach, *Nun Komm, Der Heiden Heiland*, Edna Stern piano, Zig-zag Territoires, 2008, plage 13)

Eric BIBB, *New Home*
(Eric Bibb, *Bookers Guitar*, DixieFrog, 2010, plage 8)

4 Paul SIMON, *Homeless*
(Paul Simon, *Graceland*, Sony Music, 2004, plage 12)

Bruce SPINGSTEEN, *Across the Border*
(Bruce Spingsteen, *The Ghost of Tom Joad*, Columbia, 1995, plage 10)

HÙRLAK, *Aldebaran*
(Hùrlak, *Jazz tzigane & swing de l'Est*, Hùrlak, 2001, plage 7)

5 Franz SCHUBERT, *Mélodie hongroise* en Si mineur, D.817
(Franz Schubert, Alfred Brendel, *New digital Recording voL2*, Philips, 1988, plage 5)

6 Paul FAURE, *Ternera*
(Paul Faure, *Sources*, A compte d'auteur, Laval, sans mention de date, plage 7)

Tchavolo SCHMITT, *Lady Be Good*
(Tchavolo Schmitt, *Miri Familia*, ATEMA ALsace – Djaz Records, 2000, plage 1)

Vusi MAHLASELA, *Troubador*
(Vusi Mahlasela, *Silang Mabele*, BMG – RCA Victor, 1988, plage 7)

Enregistrements audio et vidéo

Un enregistrement de ces conférences (sur CD audio ou DVD vidéo) est disponible auprès de :

Carême protestant,
27 rue de l'Annonciation
75016 PARIS
www.careme-protestant.org

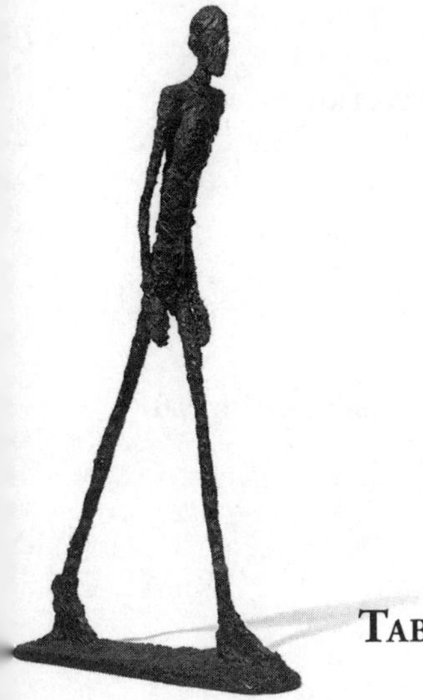

Table des matières

Ouverture.. 7

1. Mobilités dans l'espace et ses limites.................. 11

2. Mobilités dans le temps et ses métamorphoses... 23

3. Mobilités dans la culture et ses écarts................. 37

4. Mobilités dans l'existence et ses potentialités 51

5. Le Dieu mobile 65

6. Le mobile de Dieu... 83

Index biblique 99

Références audio et vidéo 103

Table des matières 107

CONFÉRENCES DE CARÊME ENCORE DISPONIBLES CHEZ LES ÉDITIONS OLIVETAN

www.editions-olivetan.com

2017 : ***Un chemin de vie, les Psaumes***,
par Christine Reynouard

2016 : ***De la mort à la vie, des résurrections***,
par Louis Pernot

2015 : ***Des Joseph et des Marie***,
par Antoine Nouis

2014 : ***Quel esprit nous anime***,
par Corinne Akli

2012 : ***Ecoutez et vous vivrez***,
par Agnès von Kirschbach

2011 : ***Le Carême, un temps de réconciliation***,
par Frédéric Rognon

2010 : ***Un laisser-passer pour la vie***,
par Isabelle et Didier Fiévet

2009 : ***Etranges témoins de la passion***,
par Elian Cuvillier

2006 : ***Une incroyable prière, les Lamentations de Jérémie***,
par Florence Taubmann

2005 : ***Une foi éprouvée***,
par Bertrand de Cazenove

2004 : ***Les Béatitudes***, **ou l'hymne à la joie**,
par Louis Schweitzer

2003 : ***La pierre et la foi, regards croisés sur la Sainte Cène***,
par Bernard Stehr

2000 : ***Sept paroles de vie***,
par Antoine Nouis

1998 : ***Oser croire face aux défis contemporains***,
par Michel Wagner

1997 : ***Devant Dieu***,
par Michel Bertrand

Édition

Éditions Olivétan – Lyon (France)
www.editions-olivetan.com

Mise en pages et couverture

Filigrane Texte et Image – Vauvert (France)
filigranepao@orange.fr

Impression et reliure

IMEAF – La Bégude de Mazenc
www.imeaf.com
20180104